전한길의 성공수업

전한길의 성공수업

전한길 · 이상민 지음

문이당

작가의 말

인생은 우리 모두에게 공평하며, 누구에게나 기회가 주어진다. 문제는 그 기회를 잡을 수 있는가? 이며, 그것은 평소의 삶의 태도에서 결정된다. 나는 늘 열심히 살아왔다. 그러나 성공을 하기도 했지만, 깊은 실패의 늪에 빠져 처절한 아픔을 경험하기도 했다. 이 책은 2011년, 내가 사업에 실패하고 약 25억 원의 빚이 있을 때 쓰디쓴 쓸개즙을 씹으면서 실패를 반추하며, 어떻게 하면 사업에 실패하지 않을 수 있는지에 대해서 이상민 작가와 함께 집필한 책이다. 그리고 나는 이 책에 있는 대로 실천을 했고, 다시 일어서게 되었다. 빚 25억 원을 다 갚고 매년 160억 원에 이르는 수입을 올리고 있다. 이른바 완전한 성공을 거둔 것이다. 그리고 다시 이 책의 개정판을 출간하게 되었다. 이 책은 2011년에 쓴 실패담과 2018년의 성공담을 함께 묶어서 만든 것이다.

어떻게 하면 실패를 비켜갈 수 있는지, 어떻게 하면 성공에 이를 수 있는지를 솔직하게 적은 책이다. 내 삶은 각본 없는 드라마와 같았다. 나는 20대에 학원 강의를 시작한 이후, 30대 초반에 큰 성공을 거두게 되었다. 이미 30대 초반에 대구에서 최고의 강사로 불렸고, 내가 쓴 사탐교재 『에브라임』은 전국 판매량 1위를 수년째 기록했다. 나는 EBS 강사가 된 이후, 국어·영어·수학을 포함한 전 과목의 강사 중 강의평가 1위를 기록하기도 했다. 또 J&J라는 온라인 강의에 진출하여 큰 파란을 일으켰다. 그러나 큰 성공과 자신감은 커다란 장점인 동시에 무서운 단점으로 돌변하기도 했다. 인간은 큰 성공을 거두는 순간, 자신의 경험과 역량을 과신하게 되고, 결국 자만심에 빠지기 때문이다. 나도 그랬다. 나는 내가 하면 학원사업도 성공한다는 생각으로 대구에서 가장 큰 입시학원을 경영하게 되었고, 불과 2년 만에 수십억의 빚을 지게 되었다.

갑자기 수십억의 빚을 지게 되면 인간은 또 다른 태어남을 경험하게 된다. 삶이 무엇인가, 나는 어떻게 살아야 하는가에 대해 매우 진지하게 생각하게 되기 때문이다. 자살에 대해서도 생각하게 되고, 삶과 죽음에 대해서도 생각하게 되며, 삶다운 삶이 무엇인지도 깊이 생각하게 된다. 결국 나는 '도전'을 선택했다. 이대로 삶을 마칠 수는 없고, 미지근한 삶으로는 내 삶을 반전시킬 수 없었기 때문이다. 나는 대구에서 학원사업에 실패한 후, 수성구의 작은 동네에서 학원을 했고, 그곳에서 연 수익 3억 원 정도를 올렸다. 하지만 그것으로는 내 삶을 돌이킬 수 없었다. 나는 이미 수십억의 빚이 있었고, 1년에 4억씩 평생을 벌어도 희망이 보이지 않았다. 그래서 나는 서울로 올라와 새로운 도전을 결심하게 되었다.

서울에 가서 한국 최고의 강사가 되어 다시 한 번 내 삶의 새로운 역사를 쓰고, 한국사 강의에 새로운 역사를 쓰는 것은 내게 주어진 숙명이었다. 처음 강의를 시작할 때 나는 초라했다. 그 누구도 나를 주목하지 않았고 학원에서도 기회를 주지 않았다. 하지만 내가 살아온 삶의 시련과 고통에 비하면 아무것도 아니었다. 나는 나의 모든 시간을 강의연구와 교재연구에 바쳤다. 그렇게 내가 가장 잘하는 강의와 새로운 교재개발에 몰두하는 삶은 차츰 빛을 발하기 시작했다. 내가 만들었던 『한국사 필기노트』는 노량진 학원가에서 엄청난 돌풍을 일으켰고, 노량진 수험계를 바꾸는 계기가 되었다. 또 내가 운영하는 〈전한길 한국사 카페〉는 가입자가 35만 명이 넘는 초대형 카페가 되었다. 내 강의는 거의 모든 공무원 수험생이 듣고 있으며, 교재도 매년 수십만 부가 판매되고 있다. 서울 노량진에 와서 마침내 내가 그토록 원했던 성공을 거둔 것이다.

무엇이 나를 이렇게 만들었을까? 곰곰이 생각해보면, 그것은 바로 2011년에 집필했던 이 책에 그 비결이 담겨 있었다. 나도 이 책대로 실천해서 성공을 했기 때문이다. 나는 인생의 깊은 수렁에 빠져 큰 아픔과 고통을 겪었으며, 성공 이후의 깨달음을 통해 세상을 보는 눈이 달라졌다. 나는 그러한 경험과 깨달음을, 어려움에 처한 모든 이들과 함께하기 위해 『전한길의 성공수업』을 쓰게 된 것이다.

나는 이 책을 읽는 사람은 성공한다고 확신한다. 다만, 실천을 해야 한다. 그러면 반드시 성공할 것이다. 나는 시골에서 태어나 경북대를 졸업했고, 30대 중반에 수십억의 빚을 졌다. 그러나 다시 한 번 도전을 통해 40대에 완전히 재기에 성공했다. 이 책은 실패를 한 사람들, 성공을 하려는 사람들, 경영을 하는 사람들, 강의를 하는 사람들, 그리고 꿈과 열정이 있는 모든 사람들에게 큰 도움이 될 것이다. 내가 해냈다면, 여러분도 해낼 수 있다. 성공에는 분명 원인이 있고, 비결이 있다. 그 길을 제대로 걸어가면 반드시 성공할 수 있다. 나는 이 책에서 성공의 비결을 아낌없이 공개했다. 여러분도 내가 말한 대로 실천을 한다면, 반드시 성공을 할 것이다.

꿈을 향해 도전하고, 시작하는 모든 사람들에게 이 책을 바친다. 읽고 실천함으로써 여러분의 꿈을 이루기를 진심으로 바란다. 성공은 멀리 있지 않다. 뜻이 있고 실천을 한다면 누구나 성공을 할 수 있다. 나는 해냈다. 이제 여러분의 차례다.

끝으로 이 책을 쓰는 데 실질적인 도움을 준 제자 이상민 작가에게 깊은 고마움을 표한다.

2018년 5월
노량진에서
전 한 길

차례

작가의 말

프롤로그
일에 미쳐야 성공한다

1장
시대의 흐름과 대세를 읽어라

일에 미쳐야 성공한다

나의 미약하고 보잘것없는 경험이지만
이것을 읽고 깨닫고 자신에게 맞게 적용하여
실천한다면 적어도 나처럼
어처구니없는 실패는 겪지 않고
성공에 이르리라 확신한다.

일에 미쳐야 성공한다

사랑이 담긴 말 한마디

지금 생각해보면, 내 인생에 전환점이 찾아온 것은 초등학교 4학년 때였다. 경상도 깡촌의 지지리도 못사는 집안 형편으로 부모님이 다섯 아이를 키울 처지가 못 되어서 할머니 집에 맡겨진 네 아이 중 셋째였다. 어릴 적부터 이산가족으로 부모님의 보살핌 없이 살아야 했던 천덕꾸러기였다.

나는 누가 집에 찾아오는 게 죽기보다 싫었다. 1970년대는 새마을운동의 영향으로 120여 가구 가까이 되는 집들이 대부분 기와지붕이나 슬레이트 지붕으로 개량하던 때였다. 그때 아랫마을 상철이네 집과 우리 집을 포함해서 고작 두서너 가구만 초가집이었다. 그런 가난한 집을 누구에게도 보여주고 싶지 않았던 것이다.

초등학교 4학년 때의 일이었다. 당시 담임선생님으로 오신 정숙희 선생님은 시골 촌놈의 눈에도 참으로 품위 있고 아름다운 분이었다. 단추도 다 떨어진 옷을 펄럭대며 비듬이 덕지덕지 붙은 머리에 코까지 질질 흘리던 처지였으니, 도시에서 부임한 선생님이 얼마나 예쁘고 귀하게 보였겠는가.

1학기를 시작한 지 얼마 되지 않아, 걱정하던 일이 터지고 말았다. 정숙희 선생님이 가정 방문을 하신다는 것이다. 드디어 우리 마을에 오시는 날, 나는 일찌감치 집을 나와 마을 뒷산에 올랐다. 동네가 훤히 보이는 나무 위에 올라가, 선생님이 어디까지 오셨는지 감시하기 시작했다. 마침내 동네 어귀부터 시작된 선생님의 방문은 마을 제일 꼭대기에 있는 우리 집에까지 당도했다.

초행길이라 선생님은 학급 분단장이었던 여학생과 동행하고 있었다. 우리 마을은 학교가 있는 면소재지에서 걸어서 30분 정도의 거리에 있었다. 먼 거리를 걸어서 오셨지만, 내가 집에 없어 선생님은 할머니만 만나고 돌아가셔야 했다.

다음날, 학교에 소문이 퍼졌다. 새침데기에 깍쟁이 타입의 분단장 여학생이 반 아이들이 모두 듣는 데서 "얘들아, 어제 한길이

네 집에 갔었는데, 걔네 집은 진짜로 가난하더래이!" 하고 큰소리로 흉을 본 것이다. 나는 고개를 못 들 만큼 부끄러웠다. 책상에 앉아 조용히 책을 보시는 선생님이 그 소리를 들을까봐, 흘끔 그 쪽을 쳐다봤다.

수업이 끝난 다음, 선생님이 나를 따로 부르셨다. "한길아, 어제 선생님이 가정 방문했을 때 왜 도망쳤니?" 선생님은 이해한다는 듯 조용히 물었다. 심부름을 다녀왔다고 둘러댔지만 선생님은 모두 알고 계셨다. 선생님은 내 머리를 쓰다듬으며 나지막한 목소리로 말씀하셨다.

"한길아, 가난한 것은 절대로 부끄러운 것이 아니다. 너는 성격도 밝고, 반드시 커서 훌륭한 사람이 될 거야. 그러니 절대로 기죽지 말고 씩씩하게 살아라."

선생님은 경북 청송의 산골에서 자란 자신의 어린 시절 이야기를 들려주셨다. 그렇게도 품위 있고 아름다운 선생님이 나 같은 깡촌 출신이라는 것에 용기를 얻었다. 지금 내 가슴 속에 단단히 자리 잡고 있는 '용기, 꿈, 희망'은 선생님께서 그때 말씀하신 그 순간 내 안에 아로새겨진 듯했다.

조용히 미소를 지으시며 내게 용기를 주시던 선생님의 그 표정과 말씀이 지금까지도 너무나 생생하게 남아 있다. 그 표정과 말씀은 내가 훗날 강단에서 학생들에게 던져주는 메시지의 기준이 되었다. 비전과 용기, 그리고, 사랑이 담긴 말 한마디! '가난하더라도 절대로 굴복하지 말라'는 그 말은 내 심경에 큰 변화를 일으켰다.

선생님이 좋으면 공부도 재미있어지는 법이다. 그때부터 나는 가장 만만해 보이는 사회 과목부터 공부를 하기 시작했다. 여름방학에는 중학교에 다니던 누나의 사회과 부도를 탐독했다. 가난했던 집에는 마땅히 볼 책도 없었고 그나마 종이가 빳빳해서 떨어지거나 화장실행이 되지 않은 유일한 책이기도 했다. 사회과 부도에는 지도와 역사가 합본돼 있었다. 그때 나는 세계의 수도를 모두 외우고, 세계 지도와 연대표를 외웠다. 특별히 목표를 세웠던 것은 아니지만 그것이 결국 오늘날 내가 '역사 강사'가 되게 한 첫걸음이었던 셈이다.

바닥을 기던 성적도 그때부터 달라졌다. 5학년 때는 부반장이 되었고, 6학년이 되면서 점차 성적이 올라가서 졸업식을 할 때는 우등상을 받았다. 유독 사회 과목을 좋아해, 중학교 때는 서울에서 부임해 오신 사회 선생님께 칭찬까지 들었다. "야, 촌놈처럼 생긴 게 사회는 잘한다. 더 이상 가르칠 게 없네!"

가난하고 공부 못한다고 포기할 필요는 없다. 노력하면 누구라도 남들보다 앞설 수 있다는 것을 온몸으로 실감한 일이었다. 그 이후 내가 좋아하는 사회와 역사를 공부하기 위해 대학도 그쪽으로 진로를 정했다. 지금까지 이 분야에서 성공할 수 있었던 것은 단순한 진리를 좇았기 때문이다. 내가 좋아하는 것을 선택했고, 그것에 모든 것을 걸었기 때문이다.

내 꿈은 민사고 설립자, 최명재 선생

고등학교는 대구 외곽의 경산 시내로 나와 학교를 다녔다. 이미 대학을 다니던 형 누나와 자취를 했다. 말이 유학이지 먹는 것, 입는 것 하나 절약해가며 세 식구가 거지처럼 생활할 때였다. 자취방 주인집에서 받아보던 신문을 하루가 지난 다음 보았다. 폐지로 모으기 전에 읽을 수 있게 해주신 것이었다. 딱히 책을 살 형편이 못 되니, 그나마 독서를 할 수 있는 유일한 읽을거리였다.

정치면이나 사회면도 열심히 봤지만, 유독 색다른 광고를 관찰하는 게 재미있었다. 다들 자기 제품을 어떻게 세상에 알리고 홍보하는지 궁금했던 것이다. 지금까지도 특이한 광고를 스크랩하는 습관은 그때 생겨났다.

고3 때, 아주 특이한 우유 광고 하나가 눈길을 끌었다. 나는 그 광고가 나올 때마다 모조리 스크랩했다. 매끈한 광고카피로 소비자를 유혹하던 다른 광고와 달리, 그 광고는 자사 제품의 차별성과 효능을 명조체 글씨로 담담하게 써내려가는 게 전부였다. 화려한 문구가 없으니 오히려 광고를 읽고 나면 제품에 대한 신뢰와 확신이 들었다.

신문광고 문구는 그 회사 회장이 직접 쓴 것이었다. 나중에 회장을 인터뷰한 신문기사를 보고 알게 되었다. 아직 대학에도 들어가기 전이었지만, 그런 회사라면 거기서 꼭 일해보고 싶다는 생각이 들었다.

그 회사를 기억해두고 있다가, 군대에 다녀와 복학을 한 다음에는 아예 그 회사에서 판매하는 요구르트를 배달시켜 먹었다. 마시고 나면 라벨을 떼어내고 물로 깨끗이 씻어 말린 다음, 접착제로 차곡차곡 붙여가면서 다보탑 모양의 탑을 만들었다. 2년 정도가 지나 거의 5백 개가 되었을 때는 탑이 너무 거대해져서 더 이상 방에 둘 수 없어 옥상에 올려놓고 계속해서 탑을 쌓았다. '대학을 졸업하면 반드시 그 회사에 입사할 것이다. 남들이 누구나 가지고 있는 영어 성적이나 학점 같은 스펙으로 승부할 때, 나는 몇 년간 스크랩한 신문광고와 그 회사 요구르트 통으로 만든 2미터가 넘는 거대한 탑을 들고 가서 면접을 보리라. 내가 그 회사의 강점과 약점을 얼마나 잘 알고 있는지, 그리고 무엇보다 그곳에 입사해 어떤 비전을 실현할 것인지 보여주리라.' 그러나 계획대로 되지는 않았다. 행정고시를 준비하면서, 당장에 급한 생계 문제를 해결하기 위해 학원 강사의 길에 뛰어든 것이었다. 그 회사는 파스퇴르유업이었고, 그 회사를 설립한 최명재 회장은 회사가 지향하는 미래 비전에 부합하는 인재 양성을 위해 민족사관고등학교(민사고)를 만들었다. 나는 파스퇴르유업의 기업정신에 열광했고 민사고와 같은 좋은 교육기관을 만들겠다는 꿈을 품게 되었다.

요즘은 포트폴리오나 자기소개서를 작성하는 법을 가르치는 학원까지 있지만, 20년 전인 당시에는 그런 것이 없었다. 하지만 난 이미 나만의 포트폴리오를 만들었다. 대학에 다니면서 정수기 영업사원을 했던 일이나, 요구르트로 탑을 쌓는 일들은 한 번 필을 받으면 미치도록 에너지를 쏟아붓는 나의 특성을 잘 보여주는 일화들이다.

나의 이런 기질은 학원 강사를 시작하면서 본격적으로 진가를 발휘하기 시작했다.

전국 1등이 된 깡촌 출신의 전한길

학원 강사는 가난한 집안 형편 때문에 대학 등록금이라도 벌어보자는 생각으로 하게 된 일이었다. 그런데 거기서 내 적성을 발견하게 되었다. 학생들을 가르치는 일이 재미가 있었고, 학생들로부터도 큰 호응을 받았던 것이다.

재미를 느껴 시작한 일이 어느 틈엔가 평생의 본업으로 여기게 되었다. 처음 4명으로 시작했던 학원 수강생이 매달 2~3배, 심지어 10배씩 증가하더니, 불과 1년 6개월 만에 수강생이 2만 명으로 늘어났다. 그리고 연이어서 내가 만든 사회과학 탐구영역 교재인 『에브라임』 시리즈가 전국 1위의 판매량을 기록하게 되었다.

내가 운영하는 다음카페는 전국 학원 강사 중 회원수 1위(약 4만 명)를 기록했고, 곧이어 시작한 온라인 강의에서도 전국 수강생 1위(연간 7만 명)라는 엄청난 기록을 세우게 됐다. 그렇게 나는 학원 강사의 길을 걷게 되었다. 초등학교 4학년 때, 내 머리를 쓰다듬어주시며 '가난한 것을 부끄러워하지 말라'고 가르쳐주셨던 그 선생님과 같은 길을 걷게 된 것이다. 학교 선생님은 아니었지만, 학원 강사라는 내 위치를 이용해 더 많은 학생들에게 꿈과 용기를 심어주려고 결심했다.

학원 강의를 열심히 했다. '목숨 걸고 했다'는 표현이 맞을 것이다. 한창 강의를 할 때에는 1년에 하루 이틀만 쉬고 강의를 했다. 휴강은 단 한 번도 하지 않았고, 심지어 내 두 아이의 돌잔치도 수업을 모두 마친 후 참석했다. 친구들도 만나지 않았다. 결혼식이나 장례식 등에도 참석할 시간이 없어, 사람구실도 제대로 못했다. 대장부가 뜻을 품고 꿈을 이루고자 하면, 다른 많은 것을 포기하는 것은 당연한 것이라고 생각했다. 지금도 그 생각에는 변함이 없다.

강단에 올라서면서 '너거는 오늘 강단에서 죽어가는 전한길을 보게 될 것이다.' 하고 비장한 각오로 엄포를 놓고 강의를 할 때도 있었다. 마음을 더 강하게 다잡고자 도올 김용옥 선생처럼 머리를 빡빡 밀기도 했다. 15시간 이상 연속 강의를 한 적도 있다. 박카스 한 통을 하루에 다 마신 적도 많았다. 목이 완전히 쉬어서, 말을 하려면 입만 벙긋댈 뿐 목소리가 전혀 나오지 않은 적도 있었다. 외모도 특별하지 않고, 심한 사투리 때문에 알아듣기도 힘든 내 강의에 그토록 많은 이들이 열광하게 된 데는 이런 뼈를 깎는 노력이 있었다.

대구에서 한창 강의를 하고 있는데, 서울 노량진의 가장 큰 학원이었던 정진학원의 기획실장이 직접 찾아와 스카우트 제의를 했다. 대구에서 강사 일을 계속하되 자신들이 새로 오픈하는 온라인 교육과정에 강사로 나와 달라는 것이었다. 며칠 후 제안을 수락하면서 나는 '대구 변방의 강사를 서울에서까지 알아주니 그 은혜는 잊지 않겠다'며 장문의 출사표를 써서 보냈다. 요지는 '나는 나를 알아주는 사람을 위해서 내 모든 것을 걸고 일한다'는 것이었고, 강사로서의 나의 비전과 미래 청사진을 담은 신념의 글이었다. 나중에 들은 이야기지만, 당시 기획실장님은 나의 서툰

출사표를 복사해 120명이나 되는 직원들 전원에게 회람시켰다고 한다.

실제로 내가 그 출사표에 밝힌 대로, 온라인 강의를 시작한 지 1년 만에 연간 7만 명이 듣는 전국적인 스타강사가 되었다. 당시의 명성으로, 지금은 최대의 온라인 교육회사가 된 메가스터디에서도 스카우트 제의가 왔지만 정중히 거절했던 기억도 있다. 나를 스타강사로 만들어준 J&J 에듀는 훗날 없어졌지만, 그 사이트가 유지될 때까지 떠나지 않고 마지막까지 그 자리를 지켰다.

나중에 사업이 망해 메가스터디 손주은 대표를 찾아가 자존심을 내려놓고 일하게 해달라고 사정을 했을 때, 그곳에서 나를 더 높이 평가한 이유가 바로 처음 스카우트 해준 곳을 배신하지 않고 신뢰를 지켰던 점이라고 들었다. 어디서 무엇을 하든, 인간적인 도리가 필요하다고 생각했다. 무엇보다 나 자신의 성격이 남을 속이거나 기만하고는 견디지 못하기 때문이기도 하다. 그러나 그런 점이 정작 사업에서는 독이 되기도 했다.

돈 버는 것으로 인생을 허비할 순 없다

처음 학원 강단에 들어설 때부터 내 목표는 뚜렷했다. '국내 경쟁에 매몰되지 말고 세계무대로 뛰어나가라.', '비전을 가지고 정직하게 일하고 사랑으로 세상을 섬겨라.', '실용의 정신으로 시대를 이끄는 리더가 되라.' 등의 비전을 전국의 수많은 학생들에게 전하는 것이었다.

나는 영화 〈죽은 시인의 사회〉에 나오는 키팅 선생님처럼 영혼의 자유를 줄 수 있는 공부를 하도록 돕고 싶었고, 영화 〈세 얼간이〉에 나오는 주인공 란초의 말처럼 '재능을 따라가면 성공이 뒤따라올 것이다'라는 진실을 학생들에게 알려주고 싶었다.

그동안 나는 학생들을 절대 수강료 내는 '돈지갑' 정도로 생각하지 않았다. 그들을 내 아우, 내 자식처럼 생각했다. 밤늦은 시간 3백 명의 학생들에게 강의를 할 때는 붕어빵 6백 개를 주문해 모두에게 돌렸고, 50여 명의 학생들을 중국집에 데려가 짜장면과 탕수육을 먹인 일도 많았다. 형편이 어렵다고 상담을 하러 오는 학생이 있으면, 내 월급을 털어서 학원 수강을 시켜주었다. 부산에서 종합반 강사를 하다가 수강료를 제대로 독촉하지 않는다고 신혼여행 다녀온 직후에 잘렸을 때, 나는 학생들을 놔두고 대구로 돌아와야 했다. 그때 학생들에게 미안해 새벽에 혼자서 엉엉 울었다. 다음날 갤로퍼에 5백 권의 노트를 싣고 부산으로 가서, 학생들에게 나누어주면서 사과를 했다.

수업을 듣다가 지갑을 잃어버린 학생이 있으면 돈을 주기도 했고, 대학에 진학했지만 형편이 어려운 학생들의 대학 등록금과 생활비도 대주었다. 백혈병에 걸린 학생을 후원해주었고, 학생들을 독려해 헌혈증 수백 장을 모아다 주기도 했다.

어려운 학생이 있으면 개인적으로 불러 격려하며 '가난해도 포기하지 말라'고 위로했다. 나 자신의 이야기, 선배 중에서 가난을 딛고 사회에서 성공한 분들의 이야기를 해주며 많은 학생들과 교감하며 함께 울기도 여러 번이었다. 그만큼 나는 감성적이고, 그런 점이 학원 강사로는 이점이 되기도 했다. 진심은 늘 통하게 되어있다. 학생들은 내게 '참스승'이라는 호칭을 선물로 안겨주었다.

나는 제자들의 스승이자 푯대가 되고 싶었다. 학교에 가면 불과 1천여 명을 가르치는 것으로 끝나지만, 학원 강사, 나아가 EBS 강사가 되면 전국의 수많은 학생들에게 영향력을 미칠 수 있을 것이라고 생각했다. 그래서 학교로 갈 기회가 여러 번 있었지만, 학원에 남기로 결정을 했다. 그리고 무엇보다 EBS 강사가 되기로 결심을 했다. 당시는 인터넷 강의가 흔하지 않을 때여서, EBS 강사가 되는 것이 전국적인 영향력의 강사가 되는 유일한 길이었다. 그리고 그 목표를 세운 지 정확히 7년 만에 EBS 강사가 되었다.

2004년, 지방대 출신으로는 최초로 EBS 강사의 꿈을 이루었고, 한국교육방송이 실시한 강사 평가에서 1백여 명이 넘는 EBS 강사 중 당당히 1위를 차지했다. 신문에도 대대적으로 보도되어 많은 이들이 축하를 해주었고, 내가 있던 학원에서도 축하 잔치가 열렸다.

국·영·수가 아닌 한국사라는 주변 과목을 가지고 높은 강의만족도를 기록할 수 있었던 것은 '꿈을 향한 신념'이 자리하고 있었기 때문이다. 나는 매번 강의 촬영을 시작할 때마다 학생들에게 꿈과 용기를 줄 수 있는 '한길샘의 메시지'를 전달하고 수업을 시작했다. 처음에는 메시지 문구가 담긴 팻말을 들고 강의를 하려 했는데, 담당 PD가 '이산가족 상봉하냐?'며 면박을 주었다. 그래도 끝까지 내 방침을 고수했더니, 나중에는 강의 시작할 때 하단 배너 형식으로 내가 전달하는 메시지 문구를 게시해주었다.

많은 학생들이 내 메시지에 공감했다. 물론 강의도 열정적으로 했기에 좋은 평가가 가능했다. 촌놈 출신에서 '전국 1위 강사' 자리에 오르게 된 것이다. 이처럼 성공은 자신의 몸과 마음을 다 바쳐 모든 것을 걸면 뒤따라오는 것이다.

학원 강사를 시작한 지 7년 만에, 대구 전체 수강생 1위, 온라인 강의 수강생 전국 1위, 사탐교재 판매량 전국 1위, EBS 강의

평가 전국 1위라는 위업을 이뤄냈다. 수입도 많았다. 집도 두 채나 장만했고, 10억여 원의 현금 자산도 생겼다.

겁도 없이 호기롭게 학원 경영을 시작했다. 내가 강사로 일하던 학원을 인수한 것이다. 그리고 2년…… 그동안 모은 재산을 모두 날린 건 물론이고 10억 원이나 되는 빚까지 지며 학원은 문을 닫았다.

학원 경영에 실패한 후 절망에 빠져 있다가, 다시 어렵게 대구 수성구에서 60평짜리 학원을 개업했다. 한 번의 실패를 거울삼아서 '아, 이렇게 하면 되겠다'라는 기준이 생겼기 때문이다. 결과는 대성공이었다. 창업 첫해에 순이익 3억 원이라는 결과를 얻었다. 이대로라면 빚을 갚고 재기하는 일도 어려워 보이지 않았다. 그러나 1년 뒤, 나는 또다시 고민에 빠지게 되었다.

과연 내가 학원 강단에 처음 들어설 때 세운 목표대로 걸어가고 있는가? 무엇을 위해 살고 있는가? 1년에 3억 원을 벌어도 이 길은 내 길이 아니라는 결론을 내리게 되었다. 10년간 강의를 하면 단순계산만으로도 30억 원은 벌 수 있을 것이다. 그러나 그렇게 살면 내 삶이 너무 초라해질 것 같았다. '어차피 한 번 사는 인생, 좀 더 남에게 좋은 일 하면서 살 수 있는 일이 무엇일까? 그래, 내가 하루라도 더 젊을 때, 새로운 도전을 할 수 있을 때 도전을 해보자!' 그래서 나는 다시 1년간 번 돈의 전액인 3억 원에다 Y 사로부터 투자 받은 5억 원을 보태, 내가 소유하고 있던 에브라임 출판사에서 『대훈수학』이라는 수학기본서를 출판하게 되었다. 무려 8억 원을 전부 출판사업에 투자한 것이다.

수학 기본서지만, 각 단원이 시작할 때마다 내가 생각하는 삶의 지혜를 담은 좋은 글귀를 넣었다. 공을 들여 만든 교재였지만, 시장의 반응은 열광적이지 않았다. 교과서 시장의 특성을 제대로 알지 못했고, 경영의 본질도 제대로 읽어내지 못했다. 결국 2년 만에 나는 또다시 부도를 맞았다. 그렇지만 촌놈 전한길은 지금도 도전한다. 나는 내 통장에 현금이 얼마나 있느냐보다, '얼마나 많은 사람들에게 선한 도움을 주었는가?'로 내 인생을 평가하고 싶기 때문이다.

인간이라면 돈이 아닌 자신의 이상과 꿈을 꿈꿔야 한다. 그 꿈과 이상을 보고 도전을 할 때, 다람쥐 쳇바퀴 도는 것 같은 허망함이나 허무함을 맛보지 않을 것이다. 그리고 이 세상에 태어났다면, 많은 사람들이 자신의 꿈을 실현 할 수 있도록 도움을 주는 일을 해야 마땅하다고 믿는다.

작은 일이거나 큰일이거나, 어려운 것은 큰 차이가 없다. 살아간다는 것 자체가 어려움의 연속이기 때문이다. 그러므로 이왕이면 더 큰 꿈, 더 나은 내일을 위해 도전하는 편이 낫지 않겠는가? 그것이 한 번 주어진 인생을 제대로 살아가는 방법이기 때문이다.

대학 시절 정수기 영업을 하다 실패했고, 행정고시를 1년간 열심히 준비했으나 모집인원이 한 명도 없어 포기를 해야 했으며, 결혼 직후에는 다니던 학원에서 해고돼 힘든 시간을 보낸 적도 있었다. 그러나 돌이켜 생각해 보면 내가 최고의 영업사원이 되지 않았고, 행정 관료가 되지 않았으며, 안정적인 종합반 강사가 되지 않았기 때문에, 단과학원 강사가 될 수 있었고 국내 최고의 스타강사가 될 수 있었다.

실패는 이처럼 성공으로 인도하는 또 다른 기회가 될 수 있다. 나는 그것을 알기 때문에 실패를 그냥 실패로 보지 않는다. 실패는 또 다른 인생의 기회가 될 수 있는 위대한 길임을 확신하는 것이다. 내가 사업에서 실패하여 20억 원의 빚을 져보았기 때문에, 처음으로 사업 실패를 바탕으로 한 이 인생 경험담이 나올 수 있는 것이다.

실패는 결코 실패가 아니다. 아직 인생이 끝나지 않았기 때문이다. 실패는 우리 인생의 긴 여정 속의 하나의 과정에 불과하다. 우리는 그 진실을 알고 실패에 주눅 들지 않고 끊임없이 새로운 도전을 함으로써 또 다른 기회의 문을 활짝 열어나가야 한다.

나는 지금도 도전 중이다. 내가 가르치는 역사 과목이 교육과 정 개편으로 선택과목이 되면서 사실상 학생들에게 영향력이 적은 과목이 되어버렸다. 꿈과 희망을 얘기하려 해도 내 말을 들어줄 대상이 별로 없다. 나는 내 전공인 한국사 강의로 가장 영향력을 발휘할 수 있는 영역을 고민했고, 그 결과 '공무원 시험'이라는 시장을 찾아냈다. 그래서 나는 공무원 시험의 주요과목인 한국사에 올인 하기로 결심했다.

단순한 공무원 시험 족집게 강사가 되기 위한 것이 아니다. 대한민국 젊은이들이 모두 매달리고 있다고 할 정도로 공무원 시험을 준비하는 사람들은 많다. 현직 공무원 숫자만도 1백만 여명에 이르고 있다. 앞으로 내가 공무원 강의를 십 수 년 간 꾸준히 하면서, 공무원들에게 긍정적인 메시지를 전할 수 있다면 대한민국 공직 사회를 바꾸는 데 일조할 수 있다고 믿는다. 공직사회가 바뀌면, 대한민국은 한층 더 발전할 수 있고 변화 될 수 있다. 수백 년이나 우리보다 발전이 늦었던 일본이 메이지유신을 통해서 앞서게 되었듯, 역사는 단 한 번의 기회에서도 커다란 변혁을 이루어낸다. 당시 메이지유신을 이끌고 일본을 진보시킨 이들은 일본의 공무원들이었다. 나는 지금도 대한민국 공무원들이 그 역할을 할 수 있다고 믿는다. 나는 그들을 긍정적으로 변화시키는 선봉장 역할을 맡고 싶다.

나는 처절한 실패를 경험하면서, 나 자신뿐만 아니라 인간에 대해서도 조금은 깨달은 게 있다. 솔직히 나는 누구보다 처절하게 실패해보았기에, 연예인들이 느끼는 우울증, 그로 인해 찾아오는 자살 충동을 누구보다 잘 이해한다. 한때는 인기의 정점을 달리다가, 인기가 떨어져서 아무도 나를 알아주지 않을 때 찾아오는 그 공허함과 상실감, 그러다가 건강까지 나빠지면 사실상 극도의 절망에 빠지기 쉽다는 것을 나 역시 실패의 경험을 통해서 얻게 되었다.

강의 시작한 지 불과 2~3년 만에 대구에서 연간 2만 명 가까운 최다 수강생을 가진 최고의 인기 강사가 되었을 때, 어디를 가도 나를 인정해주고 정말로 남부러울 것이 없었다. 당시에는 무엇을 해도 모두 될 듯한 느낌으로 살았다. 하지만, 그 영광은 오래가지 못했다. 내가 몸담고 있던 학원을 인수한 후, 불과 2년 남짓해서 모든 것이 날아가 버렸다. 인기도 돈도 사라지고, 남은 것은 20억 원이나 되는 빚뿐이었다. 주변에서는 '저 사람 자살할 것'이라고 했지만, 나는 그러지 않았다. 무엇보다 36세라는 젊음이 있었기에, 다시 도전하면 된다. 그래서 다시 최고의 자리에 올라갈 수 있다는 확신을 가졌다. 20억 원 빚을 졌다는 것은 다시 20억 원을 벌 수 있는 능력이 있다는 반증이 아니겠는가? 이렇게 자신 하면서 강의를 하기 위해 서울로 올라왔다.

한번은 수업을 마친 후 화장실에 갔는데, 오줌 줄기가 완전히 선홍색의 핏물이었다. 변기는 순식간에 벌건 피바다가 됐다. 이 제 죽는구나! 하는 생각이 들었다.

병원에 가서 검사를 했더니, 과도한 스트레스로 모세혈관이 터 져서 방광으로 혈액이 새어 들어가 혈뇨가 된 것이라고 했다. 절 대 무리하거나 스트레스를 받으면 안 된다는 게 의사의 소견이었 다. 죽을병은 아니었지만, 그때 받은 충격으로 강의도 못하고 다 시 대구로 내려와서 몇 개월간 휴식을 취했다.

나는 세상을 살아가면서 아무리 힘들어도 세 가지는 절대 지키 려고 애를 썼다.

첫째, 내 앞날의 성공과 부활을 확신할 수 있는 신념. 둘째, 세상에 홀로 남겨져도 나를 지켜줄 수 있는 가족. 그리고 셋째는 건강이다. 돈이야 잃어버려도 다시 찾으면 그만이다.

인생은 생방송이다. 성공하든 실패하든 그 자체를 재미있게 즐 길 수 있는 것이 중요하다. 나는 실패조차도 즐길 수 있는 인생의 희로애락을 조금이나마 알게 됐다. 남 보기에 안쓰러울지 몰라도 나는 한 번도 얼굴에 미소를 잃지 않았다. 물론 전에 비해 기가 많이 죽은 것은 사실이다. 가난이 앞문으로 들어오면, 용기가 뒷문으로 달아난다는 말을 실감했다. 빚에 대한 이자와 가족에 대한 최소한의 생계비를 책임지기 위해 메가스터디에 사정을 해서 강의를 시작했을 때, 잘나가는 동료 강사들과 같이 밥을 먹으면 주눅이 들어 대화에도 제대로 끼지 못하는 일도 있었다.

솔직히 잘나가던 때로 돌아가고 싶었다. 어디를 가도 나를 알아주고 대접 받고 돈 잘 벌고, 좋은 차를 타고 다니던 시절. 하지만 후회해봐야 소용없는 것. 다만, 나는 아직 젊으므로 다시 도전하고 더 성공할 기회가 있음에 감사하고 있다. 그렇듯 새롭게 도전하는 그 길은 나의 실패 경험으로 인해 더 견고하고 튼튼하게 만들어갈 수 있으리라 확신한다. 그래서 내 실패의 경험이 나와 비슷한 나이에 도전하는 사람들이 시행착오를 줄이고 꿈을 이루는 데 도움이 될 수 있도록, 그간 기록한 총 17권의 일기를 다시 정리해 이 원고를 쓴 것이다.

우리 인간의 삶은 언제나 돌고 돌아 끊임없이 반복된다. 나의 미약하고 보잘것없는 경험이지만, 이것을 읽고 깨닫고 자신에게 맞게 적용하여 실천한다면 적어도 나처럼 어처구니없는 실패는 겪지 않고 성공에 이르리라 확신한다. 나 역시 실패의 경험을 살려 지금 이 순간에도 내가 목표한 그 길을 향해 달리고 있다. 달리는 한, 우리가 위대한 인간이라는 이 숭고한 진실은 우리를 외면하지 않을 것이다. 그대도, 나도 우리 모두 파이팅이다!

시대의 흐름과 대세를 읽어라

회사는 철저하리만큼 이윤을 추구하는 곳이고
그 바탕은 바로 절제와 경건의 자세다
개인이 성공하려면
현실주의에 바탕을 둔
강한 정신력을 가져야 하고
회사가 성공하려면
이것이 전체의 기업문화가 되어야만 한다

시대의 흐름과 대세를 읽어라

　인생 팔십을 바라보는 이때, 삶을 관통할 만한 가장 중요한 화두는 시대의 흐름을 읽는 것이다. 90년대 후반부터 컴퓨터와 모바일 붐이 일더니, 이제는 스마트폰을 모르면 '바보'가 되어버리는 시대가 되었다. 하다못해 TV를 보려 해도 VOD 기능을 모르면 리모컨 작동조차 못하는 시대가 되었으니, 격세지감이라는 말이 이처럼 절실한 때가 없다.

　사실 우리 시대는 '변화'라는 말을 귀에 따갑도록 들어왔다. '변화하는 자는 성공하고 변화하지 않는 자는 실패한다.', '마누라만 빼고 모두 다 바꿔라!' 이런 슬로건이 누구나 읊조리는 유행 문구가 되었다. 굳이 사오정 오륙도를 언급하지 않더라도, 변화에 민감하지 않으면 실패한다는 것을 이제 삼척동자도 안다. 나 역시 그런 사실을 모를 리 없었지만 이론과 현실은 늘 괴리가 있다. 특히 내게 있어, 그 괴리는 치명적인 결함이었다.

나는 1999년도부터 강의를 시작해 불과 2년 만에 대구 전체에서 가장 많은 수강생을 보유한 유명 강사가 되었다. 그리고 순차적으로 학원 강사 중 '다음카페 회원 수 전국 1위(4만 명)', '사탐분야 도서판매량 전국 1위(21만 명)', '온라인 교육업체 수강생 전국 1위(J&J에듀 7만 명)'라는 불세출의 기록을 보유하게 되었다. 한마디로, 일약 대한민국 국민 강사가 된 것이다. 그러나 그것은 내게 독毒이었다.

'소년등과에 패가망신한다'는 말이 있다. 과거(고시)에 일찍 합격한 사람이 정작 현직에 올라서는, 자만으로 인해 중도에 꺾이는 경우가 많다는 의미다. 내 경우는 스타 강사가 된 것이 '소년등과'인 셈이었다. 불과 3~4년 사이에 전국 최고의 성적을 거뒀다. 그러다 보니 내가 하는 말은 주위에서 모두 인정해주었다. 고작 서른 초반의 일이었다. 너무 일찍 얻은 큰 성공과 주변 환경이, 고개를 숙이게 만들기보다는 자만의 극단을 달리도록 만들었다. 남들이 '세상이 녹록치 않다'는 걸 제대로 배우고 학습할 때, 나는

'세상을 우습게 보는 법'부터 배우고 말았던 것이다.

'내가 하면 무조건 1등이 된다'는 공식이 만고불변의 진리라고 믿었다. 모름지기 사업에서 성공하려면, 모든 면을 세심하게 살펴 결심이 선 다음에는 대담하게 추진하는 소심대담小心大膽을 지녀야만 하는데, 나는 대담함만 배웠을 뿐 소심하게 살피는 미덕은 미처 배우지 못한 채 나 자신을 과신했다. 성공에 대한 추호의 의심도 없이, 나는 2003년 11월 대구 최대의 학원인 A학원을 인수했다.

일찍 성공을 맛본 만큼, 꿈도 컸다. 대구 전체를 평정하고, 곧 서울에 진출해 다른 학원들을 능가하는 대규모 학원그룹을 만들겠다는 야심찬 계획을 가슴에 품었다. 하지만 학원사업에 대한 세부적인 기획안 따위는 없었다. 나 자신의 브랜드와 성공 경험이 곧 비즈니스 플랜이라고 생각했다. 처음부터 간 큰 투자를 시작했다. A학원의 브랜드를 인수할 때의 조건은 전前 학원장에게 브랜드 사용료로 10년간 30억 원을 지불하는 것이었다. 인수를 마치자마자 4억 원을 투자해 대대적인 신문광고도 했다. 학원 시설을 최신식으로 바꾸기 위해, 3억 원을 들여 건물을 리모델링했다. 나중에 경영이 어려워져 애초에 약속했던 브랜드 비용은 총 3억 원을 지불하는 선으로 합의를 했지만, 결과적으로 6개월이 채 못 되는 기간에 초기 투자비용만 10억 원을 퍼부은 셈이었다.

그런데 이 모든 투자는 사실 무모한 지출이었다. 변화의 대세를 읽지 못하고 이미 썩어가고 있는 고목에 투자를 했기 때문이다. 당시 나는 J&J에듀 라는 온라인 교육업체에서 사탐(사회과학탐구) 강의를 하고 있었다. 그런데 이미 2000년에 메가스터디가 오픈하여 2002년부터는 매출이 2백억 단위로 뛰어오르기 시작했다. 당시 대형학원가의 수강생 숫자는 그들 자신은 쉬쉬 했지만, 조금씩 그리고 빠른 속도로 줄어들고 있었다. 마치 밀물이 빠져나가듯이 수강생이 빠져나가고 있었지만, 나는 그런 흐름을 포착하지 못했다. 내가 직접 온라인 강의를 하고 있으면서도 온라인 시장의 막대한 잠재력을 제대로 깨닫지 못했던 것이다. 그래서 나는 한때 내가 A학원에서 한 강의실에 3백 명 이상의 학생을 모아 강의를 하던 패턴이 앞으로도 계속 유효할 것이라고 굳게 믿고 있었다. 그러나 이미 변화의 바람은 세차게 불고 있었다.

나는 정부 정책의 변화도 읽지 못했다. 교육부에서는 내가 학원을 인수하기 전, 7차 교육과정을 발표했다. 그러나 나는 7차 교육과정의 파장을 전혀 예상하지 못했다. 그리고 당시 언론에서도 이 교육과정이 대형 학원에 미칠 부정적인 영향에 대해서 분석을 내놓지 않고 있었기 때문에, 별다른 체감도 하지 못했다. 결정적인 판단을 할 때는 남이 아니라 내 머리로 차갑고 냉철하게 해야 하지만 나는 철저한 검증 없이 안이하고 경솔하게 판단을 해버렸다. '나는 엄청난 성공을 거뒀고, 앞으로도 그 사실에는 변함이 없을 것이다.' 단지 그 생각에만 사로잡혀 있었다.

사실 학원을 인수하기 전부터 A학원의 매출은 내가 상당 부분을 이끌고 있었다. 입시 과목 중에서는 변방이라 할 수 있는 사탐 강사가 대형학원 매출의 중심을 받치고 있었던 것이다. 그런데 7차 교육과정에서는 인문계만 사탐 영역을 응시하도록 입시제도가 변경되었고, 그것도 11개 과목으로 나뉘어 버렸다. 이전 6차 교육과정까지는 인문·자연계 학생들은 모두 〈일반사회, 윤리, 한국지리, 국사〉 과목의 사탐영역을 응시해야 했다. 나는 이 네 과목을 모두 묶어 통합 강의를 했기 때문에, 인문계, 자연계를 통틀어 응시생의 거의 대부분이 내 강의에 몰렸던 것이다. 대구에 있는 학생의 약 50%인 2만 명이 A학원의 내 강의를 들었지만, 교육과정이 바뀌면서 수강생은 1/10 수준으로 떨어졌다.

이 모든 일은 자신만만하게 대형학원을 인수하고 통 크게 10억 원의 비용을 쓴 이후에 벌어졌다. 잘 되고 있던 학원이었으니, '부자는 망해도 삼대는 간다'고 그 위용이 잔존하며 여기저기 투자를 통해 앞으로는 더 크게 번성할 것으로 믿었다. 그래서 분야도 넓히고 학원 강사도 대대적으로 더 많이 모집했다. 그 결과는 2년이라는 짧은 기간에, 무려 20억 원을 날렸다. 한 달로 계산하면 8천3백33만 원, 하루 2백77만 원을 2년간 단 하루도 빠짐없이 야금야금 길거리에 버린 셈이었다.

나는 4~5년에 걸쳐 고생하며 번 돈을 단 2년 만에 날려버렸다. 뒤늦게 땅을 치고 후회했으나, 돌이킬 방법은 없었다. 『누가 내 치즈를 옮겼을까』라는 책은 변화의 필요성을 역설하고 있다. 이 책은 사라진 치즈에 대해 통탄하며 시대의 흐름을 읽지 못한 자신의 처지를 뒤늦게 반성하는 한 마리 쥐의 이야기다. 바로 나처럼 말이다.

나는 뒤늦게 이 책을 읽으며, 내가 몰랐던 아니 눈 감아버렸던 그 진실을 뼈아프게 깨달았다. 책은 '변화의 실체'에 대응하는 법을 몇 가지로 규정한다.

첫째, 치즈를 계속 옮겨놓는다. 둘째, 치즈가 오래된 것인지 자주 냄새를 맡아보라. 셋째, 사라져버린 치즈에 대한 미련을 빨리 버릴수록, 새 치즈를 보다 빨리 발견할 수 있다. 넷째, 치즈와 함께 움직여라. 다섯째, 모험에서 흘러나오는 향기와 새 치즈의 맛을 즐겨라.

다시 생각해보아도 백번 맞는 말이다. 내가 몸담고 있었던 대형학원과 온라인 교육업체인 J&J에듀의 냄새를 제대로 맡기만 했더라면, '상해가고 있는 치즈'가 어느 쪽인지 알 수 있었을 것이다. 7차 교육과정이라는 정부정책이라는 거대한 변화를 정확히 꿰뚫어 보았더라면, '상할 치즈' 대신 '신선한 치즈'를 골랐을 것이다.

마이카벨리는 『군주론』에서 이렇게 말하고 있다.

'사람은 누구나 자기가 처한 시대상황을 잘 고려하고 그 시대에 순응해서 행동해야 한다. 시대의 조류를 잘못 판단하거나 선천적 기질에 따라 행동하는 사람은 실패하고, 시대의 대세에 잘 적응하는 사람은 성공한다.'

지금 타고 있는 배의 침몰 징후가 곳곳에서 드러난다. 그러나 이 배를 버리면 또다시 어느 배에 올라야 하는가? 라는 걱정과 낡은 것이 주는 묘한 안정감이 나의 발목을 잡는다. 적당히 시류에 편승하라는 의미가 아니다. 새로운 것이 노도처럼 밀려올 때 두려움에 휩싸여 눈을 감아 버리기보다, 그 흐름에 올라타 변화를 즐기는 편이 현명하다. 내가 그렇게 하지 못했기 때문에, 다음번 기회에도 그렇게 할 수 있을지 확신할 수는 없다. 하지만 한 가지만은 확실하다. 변화하지 않는 것은 없다는 것만이 유일한 진리다.

본질 중심의 승부를 하라

'본질'이란 무엇인가? 결과를 도출시켜 모든 것을 관통하는 '핵심'이다. 세일즈를 한다면 '품질이 좋은 제품'이 본질이고, 음식 장사를 한다면 '맛있는 음식'이 본질이다. 많은 사람들이 이 본질을 망각하고 있다. 어떤 결과에 가장 큰 영향을 미치는 것에 시간과 에너지를 투자하지 않으면, 아무리 노력을 기울인다 해도 결과가 나아질 리 없다. 그러나 실패한 사람들은 하나같이 본질이 아닌 쓸데없는 것에 목숨을 걸고 에너지를 투자한다. 나 역시 그중 한 명이었다.

만약 당신이 아이를 학원에 보내려면 가장 중요한 결정 기준은 무엇일까? 그것이 바로 학원 사업의 본질이다. '성적을 올려준다?', '아이의 공부 습관을 잡아준다?', '족집게 강의로 시험을 대비하게 해준다?', '첨단의 커리큘럼을 갖췄다?' 그렇다. 그 모든 것이 선택의 기준이다. 근사한 건물이나 촘촘한 셔틀버스 운행표, 브랜드 네임도 선택의 기준 중 하나가 될 수 있다.

그렇다면 이 모든 것을 관통하는 한 가지 본질은 무엇인가? 바로 '강사'다. 학원 사업은 그 어떤 인적자원 중심의 비즈니스 중에서도 강사들의 역량에 대한 의존도가 가장 높은 사업이다. 강사의 질이 학원의 성패에 결정적인 영향을 미치는 것이다. 하지만 나는 강사 외의 다른 분야에만 에너지를 집중했고, 그 결과 참담하게 실패했다.

처음 학원을 인수했을 때, '빌딩 몇 개를 올릴 수 있는 학원을 세운다'는 것이 목표였다. 회사 규모가 커져야 하니, 그에 맞춰 번듯한 조직이 필요했다. 우선 임원급 간부를 7명 뽑았다. 나 자신의 직책은 이사장, 그 밑에 원장 1명, 부원장 3명, 본부장 1명, 기획실장 1명, 교무부장 1명을 두었다. '임원'이라는 타이틀에 걸맞게 그들에게 지급하는 연봉 액수도 높았다. 직급별로 연봉이 각각 8천, 7천, 6천, 5천, 4천만 원으로 임원 연봉만 총 4억 4천만 원이었다. 강사를 겸직하는 그들에 대한 강의료는 별도였다.

그런데 사실 그들은 필요가 없는 사람들이었다. 딱히 하는 일도 없었다. 물론 모두 기본 직군이 '강사'였기 때문에, 강의도 병행했다. 그렇지만 사업을 해본 경험이 전혀 없는 사람들을 모두 간부로 앉혔고, 경영에만 제대로 매달리기에도 부족한 현실에서 학원 강의까지 시켰으니 제대로 일이 될 리 없었다. 교재 개발에만 몰두해도 될까 말까인데, '간부네' 하면서 어깨에 뽕만 잔뜩 넣어줬으니 연구 개발이 제대로 이뤄질 리 없었다. 한마디로 필요 없는 자격 미달의 간부들을 너무 많이 두었고, 그들에게 투잡까지 뛰게 했으니 효율성은 제로였다. 게다가 나는 그 사람들을 격려한답시고 하루 술값이 3백만 원도 넘는 고급 술집까지 갔다. 결국 엄청난 돈을 길바닥에 그대로 버린 것은, 나 스스로가 자초한 일이었다.

나는 그때 임원급 간부들을 채용하지 말았어야 했다. 사업을 막 시작할 때, 시장을 개척해야 할 때, 승부수가 필요할 때, 명함이나 뿌리고 다니면서 폼 잡는 간부 따위는 필요하지 않았다. 모두가 절제를 하고 위기의식을 갖고, 업무에 충실하면 엄숙하고 숙연해진다. 그 결과 업무 집중력이 높아지고 더 높은 성과를 낼수 있게 된다. 나 자신부터 낮아져야 했다. 그럴듯한 조직의 모양새 따위에 신경 쓰면서 이 사람 저 사람 '간부' 직책을 주는 데 연연하지 않았다면, 엄청난 돈을 아낄 수 있었을 것이다. 그리고 그 돈을 본질 중심의 승부에 투자했어야 했다.

보여주기 위한 경영은 광고 홍보에서도 드러났다. 초창기 신문 광고에만 무려 4억 원을 쏟아 부은 것이다. 물론 패기도 있었고 성공에 대한 열정에 불타 있기도 했다. 당시 내가 새롭게 도전한 분야는 재수종합반이었다. 목표는 1천5백 명 유치였다. 하지만 이미 대구에는 경쟁학원이 무려 12개나 있었다. 그래서 내린 결론이 대대적인 광고였다. 시장 분석도 하지 않고, 고객의 욕구도 짚어보지 않은 채, 무조건 광고를 빵빵 때리면 그걸 보고 수강생이 제 발로 찾아올 줄 알았던 것이다.

물론 이 생각은 철저한 패착이었다. 더구나 재수생은 입시에서 한번 실패를 맛본 경험이 있고 다시는 실패해선 안 된다는 절박함까지 갖고 있었다. 그래서 돌다리도 두드려보며 건너는, 확실하고 안전한 선택을 하고자 했다. 조금 비싸거나 조금 불편한 곳이라 해도, 자기 인생이 달려 있는 중차대한 선택이기 때문에 믿을 수 있고 실력 있는 강사가 있는 학원을 골랐다. 광고에 몇 억 아니 수백억을 쏟아붓는다고 해서 오는 게 절대 아니었다. 나는 그 사실을 놓치고 있었다. 재수종합반을 꾸리겠다고 하면서, 그들을 전문적으로 가르쳐본 해당분야 전문가들을 만나 조언을 듣는 시도조차 하지 않았다. 결국 엄청나게 광고를 했음에도 수강생은 420명밖에 모이지 않았다. 내가 경영하는 학원의 재수종합반 강사의 신뢰도가 경쟁학원에 비해 낮았기 때문이었다. 결국 본질을 놓친 결과, 4억 원이라는 엄청난 자금을 쓰고도 철저하게 실패하고 말았던 것이다.

내가 만약 그때 4억 원이라는 돈을 신문광고에 쓰지 않고, 최고의 강사를 영입하는 데 썼더라면 어떻게 됐을까? 대구는 보수성이 전국에서 가장 강한 지역이다. 그런 점에서 철저하게 검증된 강사들 위주로 강사진을 구성했더라면 분명히 승산이 있었을 것이다. 그러나 나는 본질이 아닌 것에 돈, 시간, 에너지를 투자했고, 그 다음에 본질이 무엇인지 깨달았을 때에는 정작 총알(자금)이 없어 아무것도 할 수 없었다.

또 하나 실책은 건물 리모델링에 3억 원을 썼다. 학원을 대대적으로 키울 생각에 건물 내부를 최신식으로 개조한 것이다. 그런데 학생들이 최고급 시설을 보고 학원을 고를까? 물론 이왕이면 다홍치마라고 고급시설이면 상대적으로 면학 분위기가 더 좋아질 수도 있다. 하지만 그것은 본질이 아니다. 강사들의 실력이 없다면, 그 누구도 그 학원을 찾지 않는다.

요즘 너도 나도 커피전문점 창업이 붐이다. 그런데 그것도 사업인데 대다수가 인테리어에만 신경을 쓴다. 수입과 지출을 분석해보고 좋은 원두를 어떤 경로로 구매해야 상대적으로 적은 비용을 들여 맛있는 커피를 뽑아낼지는 별로 안중에 없다. 유동인구가 얼마나 되며 가격저항선은 어디까지고 판매가와 판매량을 고려했을 때 타산은 맞는지 등, 사업계획서를 작성해보는 것도 사업을 시작할 때 필수 요건이다. 그런데 본질을 생각하지 않고 무턱대고 차려놓으면 되겠지 하는 심정으로 시작하면, 투자비만 날리기 십상이다. 그럴듯한 시설만 보고 한두 번 호기심으로 찾는 이들도 있을 것이다. 하지만 본질로 승부하지 않으면, 곧 바로 외면 받는다.

외양은 허름해도 조직이 그럴듯하지 않아도, 시설이 초현대식이 아니라도 괜찮았다. 다른 모든 것을 압도하는 지렛대 요소는 강사다. 다른 어떤 것보다 최고의 강사진을 갖추는 것이 우선인 것이다. 나는 최고 실력의 강사를 영입하는 데 사활을 걸고, 그를 통해 신문광고보다는 학생들의 성적 향상이라는 결과에 인한 자연적인 입소문이라는 홍보 방법을 택했어야 했다. 그렇게 해서 학원이 성공 궤도에 오르고 적어도 자금이 백억 원 이상 쌓이고 나서 점진적으로 리모델링을 해도 늦지 않았다. 성공한 이후의 홍보는 값비싼 신문 광고가 아니라, 입시 정보 제공이나 자선사업 같은 활동을 통해 자연스러운 언론보도가 되었어야 했다. 그리고 대규모 입시설명회를 개최해서 알짜 정보만을 파는 전략으로 학생과 학부모의 신뢰를 확보했어야 했다.

그러나 나는 뿌리부터 이 '경영의 본질'을 모두 놓치고 있었다.

실패를 피하려면 본질에 집중해야 한다. 본질을 성취하고 나면, 나머지 부족한 것이 보인다. 부족한 것은 그때 채워도 늦지 않다. 일하는 습관에 빗대어 말하면, '필요한 일'이 아니라 '중요한 일'을 해야 하는 것이다. 필요한 일이란 대개 누군가가 내게 요구하는 일이다. 팩스를 보내주거나 이메일 답장을 쓰거나 다른 사람의 일과 연결된 잡무를 해주는 일 등이다. 물론 이 업무를 소홀히 하면 다른 사람들이 불편하다. 그러므로 필요한 일에 대처하는 전략은 시간을 절약해 빨리 처리하는 것이다. 쌓아두지 않고 바로바로 처리하거나, 깊이 숙고하지 않고 즉시 처리해버리는 것이다. 그렇게 해도 별로 손해 볼 일은 없다.

문제는 중요한 일인데, 대개 중요한 일은 필요한 일에 비해 촌각을 다투지 않는다. 그래서 자꾸 우선순위가 뒤로 밀린다. 오랜시간 깊은 고민이 필요한 경우가 많다. 그러나 이 일을 제대로 해내지 못하면 성공할 수 없다. 불요불급不要不急하다 하여 '중요한 일'은 제쳐두고 '필요한 일'만 하는 사람은 늘 남의 뒤치다꺼리만 하다 인생이 끝난다. 그때 땅을 치고 후회해도 이미 인생은 끝나고 없다.

채용에 신중하고 쉽게 하선시켜라

기업은 사람이 만들어 간다. 그 기업이 성공을 하느냐 못하느냐는 결국 그 기업이 보유한 인적 역량에 달려 있다. 다섯 명으로 이루어진 자영업이든, 수만 명으로 구성된 대기업이든, 이 원리는 마찬가지다. 그러나 대기업보다 중소기업, 소기업의 인재 중용이 중요한 이유는 평균의 효과가 거의 없기 때문이다. 큰 규모의 기업이라면 몇 프로의 실수나 함량 미달이 다른 유능한 인재들에 의해 상쇄되지만, 작은 기업은 그렇지 않다.

인재의 채용과 적절한 배치는 한마디로 기업의 생존을 결정하는 중차대한 문제이다. 기업이나 정치권에서 이를 두고 '인사人事가 곧 만사萬事'라고 했던 것이다. 나 역시 이에 대해 크게 공감한다. 인재 몇 명이 사활을 결정하는 게 지식산업 분야다. 인재의 능력도 중요하지만 그들의 태도도 매우 중요하다. 미꾸라지 하나가 조직 전체를 망치는 것이 얼마든지 가능하기 때문이다.

학원을 경영 할 때, 솔직히 나는 직원 관리를 어떻게 해야 하는지에 대해 아무 계획도 없었다. 즉 어디에 어떤 직원이 필요하고, 직원에게 시간을 사야 하는지 지식을 사야 하는지도 생각하지 않았다. 도입기, 성장기, 성숙기, 쇠퇴기에 각각 인사정책이 달라야 한다는 것도 몰랐다. 그리고 가장 결정적으로 '학벌≠능력, 능력=실무능력'이라는 본질도 몰랐다.

먼저 사람을 채용하려면, 왜 뽑아야 하는지가 명확해야 한다. 한 사람이 들어오면 인건비만 나가는 게 아니다. 그가 사용하는 소모품, 전기, 물품의 감가상각뿐 아니라, 냉정하게 말해 그가 내뿜을 공기까지도 생각해야 한다. 그러니 비즈니스를 하면서 사람을 뽑을 때는 그 사람이 비용을 쓰고서도 정말로 수익을 내줄 수 있는 사람인지 합리적 근거가 필요하다. 그 근거는 총명함, 대처 능력, 윤리성 등 자질뿐 아니라 과거의 명확한 실적에서 나온 객관적인 수치여야 한다.

사업을 시작할 때 아무리 허리띠를 졸라맨다 해도 여기 저기

돈 들어가는 구석이 많게 마련이다. 게다가 자금도 충분하지 않다. 그러므로 이때는 간접비Overhead Cost를 최대한 줄여야 한다. 그래서 신규 채용은 최소한으로 하고 한 사람이 여러 일을 해내는 양수겸장兩手兼將의 문화를 심고, 아울러 창업주가 거의 모든 일을 직접 해결해야만 한다.

학원의 경우, 초기에는 강사, 행정직원, 회계직원, 총무직원 정도면 충분하다. 종합반 강사를 쓰려면 그들 사이에 팽팽한 경쟁과 참신한 학습 분위기를 만드는 데 필요한 치밀한 계획을 세워야 하고 행정직원을 채용하려면 나 스스로 책을 보고 공부를 해서 행정에 필요한 기본 매뉴얼을 만들어야 한다. 자신이 CEO라면, 어느 정도 회계 공부도 해서 경력자보다는 신입 회계직원을 두어 업무를 처리함으로써 비용을 최소화하고 당장은 권한을 덜 주되 지속적으로 훈련·감독을 해야 한다. 총무 업무도 마찬가지다. 내가 어떤 업무가 얼마나 필요한지 가늠해서 성실하면서도 의욕에 넘치는 사람을 뽑아 일을 가르치며 관리를 해야 한다. 연봉은 통상 시장이 지불하는 선이면 된다. 대신, 배울 게 있는 곳이라는 메리트를 주어서 비전을 제시하고, 내 사람으로 만들어 나중에는 뒤에서 지켜보기만 해도 되는 수준으로 끌어올려야 한다. 그러나 나는 이런 초기의 고생을 하기에 나 자신이 너무나 성공한 사람이라 믿었고, 많이 배운 유능한 사람을 뽑아놓으면 그런 허드렛일은 저절로 굴러갈 거라 맹신했다.

또 하나, 실질적인 경영을 책임지는 간부를 뽑더라도 직접 자기 사업체를 경영해본 사람이나 대기업 중견간부 출신 중에서 객관적으로 능력이 검증된 사람을 채용해, 그와 함께 경영에 대해 논의하고 자문을 구했어야 했다. 하지만 창업 초기의 미래가 불확실한 중소기업에 능력 있고 출중하고 팔방미인인 사람이 올 리는 만무하다. 대개 이런 회사에 꼬이는 것은 사기꾼 아니면 그럴듯한 겉모습으로 포장한 쭉정이들이다.

그러니 사업을 하던 장사를 하든, 초창기에는 사장이 거의 모든 일을 해내야 한다. 사장이 주방을 모르고 내 식당의 비장의 레시피를 모른다면, 어느 날 갑자기 주방장이 떠나버리면 장사를 접어야 한다. 사장 스스로가 실무에 대해서 모든 것을 다 알아야만 완벽하게 살아남을 수 있는 것이다. 사장만이 아니다. 어느 정도 위치에 올라가고자 한다면, 내 영역이 아니어도 두루 공부하는 자세가 필수다. 특히 회계나 마케팅은 어느 영역에서나 현업의 성과와 방향을 좌우하는 요소이므로, 절대 간과해서는 안 된다.

사장이 모든 것을 알아야 한다는 말에 부담을 느낄 필요는 전혀 없다. 실제 특정 분야에서 창업을 하거나 경영을 할 때, 꼭 알아야 할 실무의 내용을 묶으면 책 한 권이 채 안되기 때문이다.

공부하면 누구나 다 가능하다. 마음먹기에 따라서는, 기본적인 것은 일주일 안에 다 배울 수도 있다. 다만 이때는 책 한 권을 앞 장부터 뒷장까지 모두 외우는 수험생의 자세가 필요한 게 아니라, 내게 필요한 요소를 정리하고 그에 필요한 알짜만 여기저기서 쏙쏙 빼오는 지혜가 필요하다. 책만이 아니라 사람에게서도 배워야 한다. 모르는 건 배우면 되고, 배우면 누구나 능숙하게 할 수 있다. 하지만 나는 이것을 전혀 실천하지 못했다. 실패한 뒤에야 깨닫게 된 것들이기 때문이다.

창업 초기의 직원은 내가 시간이 부족해 못하는 최소한의 인력으로 단순대행만 해주는 이들이면 된다. 그리고 그들에게는 시장에서 지불하는 정도의 보수만 지불하면 된다. 최소한의 인력이 조금 벅찰 정도의 일을 해내야만 한다. 물론 무조건 과중한 업무만 주어지면 이탈자가 생겨날 것이다. 그러므로 열심히 한 것에 대해서는 제대로 평가해서 인센티브를 주어야 한다. 그리고 별도의 비용을 들여 자기 계발을 함으로써 자기가 발전하고 있다고 느끼도록 해주어야 한다. 이런 일을 하는 데는 큰돈이 들지 않는다. 게다가 직원의 의지가 바탕이 되어 업무를 더 잘하기 위해 하는 일이기 때문에 궁극적으로 업무 효율을 높여준다. 회사생활이 즐겁고 개인의 삶도 더 나아지고 있다고 느낌으로써, 전반적인 삶의 만족도가 높아진다.

일이 한가하고 긴장도가 적다고 해서 행복해지는 게 아니다. 사람은 누구나 자신이 하는 일에 만족을 느껴야 진정한 행복을 느낀다. 바빠서 화장실 갈 시간도 없다 할 정도로 무언가를 성취해나갈 때, 사람들은 비로소 보람을 느낀다. 자기가 가진 것의 120%를 꺼내 그것으로 성과를 만들어내고, 주변의 인정도 받을 때 보람을 느낀다.

직원이 회사를 떠나지 않고 행복감을 느껴 고객을 더 성심껏 대하기 때문에, 대외적인 성과나 고객의 평가도 좋아진다. 조직의 선순환이다. 단, 그렇게 하기 위해서는 경영자인 내가 실무에 대한 준비를 철저하게 해야 한다. 그리고 거의 모든 일들을 내가 다 컨트롤 할 수 있어야 한다.

나는 학원과 별도로 출판사도 운영하고 있었다. 당시의 출판시장을 비교해 보면 회사의 실적은 크게 나쁘지 않았다. 2002년부터 2007년까지의 총매출이 약 84억 원이며, 매년 10억여 원 이상 매출을 올린 셈이다. 이 정도면 크게 나쁘지 않은 실적이다. 다섯 명 이내의 직원이 있는 규모라면 말이다. 하지만 출판사에서 흑자가 난 해는 거의 없었다. 이유는 다 인건비 때문이었다.

솔직히 내가 직원을 채용한 기준은 전적으로 긍정적 직감에 의

한 것이었다. 모든 상황을 긍정적으로 보고, 채용을 하면 그 사람이 더 많은 돈을 벌어다 줄 것이라는 낭만적인 생각만 했다. 그런데 긍정적 상황이라는 것은 결국 안 될 경우를 생각하지 않은 대책 없는 낙관주의로 엄청난 피해를 보고 말았다.

출판사 인원은 말 그대로 최소한의 최소한만을 채용했어야 했다. 그리고 7차 교육과정으로 바뀐 이후에는 좀 더 조심스럽게 움직였어야 했다. 하지만 나는 최대한의 최대한을 채용했고 무모하게 움직였다. 그 결과 84억 원의 매출을 올리고도 심각한 적자를 기록하게 되었다.

경영자라면 어떤 산업에서 일하건, 인건비의 무서움을 절실하게 깨달아야 한다. 그리고 자신이 될 수 있으면 더 많이 일한다고 생각해야 한다. 자기가 편해지려고 직원을 고용하거나 폼을 잡기 위해 고용한다면 무조건 망한다. 직원이 많아 너나없이 시간이 남아돌고, 일이 편하다 못해 잡생각마저 드는 상황이 되면 절대로 안 된다. 사장을 비롯한 모든 직원들이 눈코 뜰 새 없이 바빠야 된다.

직원들이 시간이 남아돌아 사내정치가 횡횡하면 볼 장 다 본 회사가 되었다고 보면 틀림없다. 미친 듯이 일을 하면서도 시간이 없어 쩔쩔매야 겨우 살아남는 것이 기업의 현실이기 때문이다. 그러나 나는 역시 실패하고 나서야 이 사실을 알게 되었다. 이전에는 그런 생각을 하지 못했다.

이때 나는 출판사의 맥을 정확히 짚었어야 했다. 출판사는 제대로 된 기획이 곧 생명이라는 사실을 알고 능력 있는 기획팀을 만들어 안案을 내게 하고, 나는 정확한 판단만 하면 되는 것이었다. 출판사의 실무는 단 몇 명만으로도 운영이 된다는 것도 알아야 했다. 직원을 뽑더라도 철저히 실무 위주로 뽑되, 기획과 관리에서 각 1명 정도만 뽑았어야 했다. 직원에게는 회사란 돈을 버는 곳이라는 인식을 정확히 심어주었어야 했다. 관계보다는 '일' 중심으로 회사가 운영되어 효율과 결과로 말하는 출판사를 만들었어야 했다. 전체 관리는 총무에서 맡되, 나는 재정만 제대로 확인하면 됐다. 재정 관리는 매우 중요한 문제이므로 나름대로의 깐깐한 기준을 세워두면 된다. 그렇지 않고 안이하게 대처하다가는 거래처 부실이나 과다 재고 등 여러 문제로 또 다른 위험에 처할 수 있기 때문이다.

결론적으로 나는 이상주의, 혹은 과도한 자신감에 빠져 합리성을 잃은 결과로 직원 채용에 실패했다. 내가 이 인사 실패에서 배운 점을 정리하자면 다음과 같다.

1. 신의를 최우선적으로 보되, 능력까지도 철저하게 검증을 해야 한다.

2. 이유 없는 채용은 기업의 재정을 악화시킨다.

3. 현실주의자가 아닌 이상주의자를 채용하면 망한다.

4. 신념이나 출신 배경이 같다는 이유로 아무런 검증 없이 믿으면 절대 안 된다.

5. 일을 제대로 할 수 있는 환경을 우선적으로 만들어주어야 한다.

6. 추천 채용을 할 때는 반드시 재검증을 거쳐야 한다.

7. 회사는 친목단체가 아니라 경제전쟁터라는 것을 인지시켜야 한다.

8. 회사는 관계보다는 일이 우선이다.

9. 사업의 본질을 꿰뚫고 본질에 적합한 채용을 해야 한다.

10. 직원을 채용한 뒤에도 지속적으로 전투적 마인드를 잃지 않도록 해야 한다.

11. 직원이 잘못을 하면 즉시 지적을 해서 잘못을 고치도록 해야 한다.

12. 내가 모든 직원들 중에서 가장 일을 많이 해야 하고 본보기가 되어야 한다.

우리 인생은 길게 보면 전쟁과 같다. 이상에 빠져서는 아무것도 이룰 수가 없다. 철학자 쇼펜하우어도 만년의 저작인 『여록과 보유』에서 이렇게 말했다.

'온갖 협잡으로 게임이 진행되는 이 세계에서 사람은 강철 같은 기질을, 운명의 일격을 막아낼 갑옷을, 사람들을 밀치며 나아가기 위한 무기를 지녀야 한다. 인생은 하나의 기나긴 전투다. 인생의 매 단계에서 싸워야 하기 때문이다. 우리가 성공할 때는 칼날 바로 끝에서 성공하며, 우리가 죽을 때는 손에 든 그 무기로 죽는다.'

성공이라는 이상을 품되, 현실에서는 합리적인 리얼리스트가 되어야 한다. 모든 것을 의심해보고 또 의심해보았을 때 더 이상의 의심이 발견되지 않는다면 그때에 가서야 비로소 믿겠다는 자세를 가지고 경영에 임해야 한다. 직원 채용도 마찬가지다. 합리성을 잃고 이상에 빠진다면 누구라도 나처럼 반드시 실패를 하고 말 것이다. 누구보다 처절하게 실패해본 내가 뼈저리게 경험한 것이다.

절제와 규율을 가르쳐라

요즘 내가 탐독하고 있는 책은 일본 정부로부터 일본중조日本中祖라는 파격적인 칭호까지 받은 관상가 미즈노 남보쿠(水野南北)가 지은 『절제의 성공학』이다. 이 책에서는 음식 절제를 해야 성공할 수 있다고 한다. 아울러 술과 고기는 가급적 삼가고 '아침형 인간'이 되어야 한다고 했다. 나는 요즘 이 말에 깊이 공감하지만 실패를 예약해두고 있던 그때, 나는 이것을 실천하지 못했다. 꽤 부지런한 편에 속하지만, 절제가 부족했다. 그중에서도 특히 회사 내에서 술을 절제하지 못했다.

학원을 운영할 당시 나는 학원 간부들과 고급 술집에 자주 갔다. 한 번 가면 몇 백만 원은 우습게 썼다. 내가 그렇게 했던 이유는 그것이 일종의 동류의식, 즉 일체감을 느끼게 하는 수단이라 믿었기 때문이다. 남자들은 여자 종업원이 나오는 술집에 갔다가, 다음날 해장을 하고 같이 사우나를 가야 비로소 진짜 신의가 싹튼다는 묘한 미신이 있다. 서로의 치부를 드러내고 가장 솔직하고 원초적인 모습을 공유함으로써, 서로 상대의 약점을 쥐는 일종의 의식인 셈이다. 나 역시 이런 '의식'이 임원들의 사기를 올려주고 단합하게 해주며, 궁극적으로는 나에 대한 감사함으로 승화돼더 일을 열정적으로 해주리라 믿었다. 그러나 그것은 나의 순진한생각일 뿐이었다.

그들은 냉정하게 말해, 나에게 충성을 바치기 위해 회사에 온게 아니라 그들 자신의 생계를 해결하기 위해 온 것이다. 나를 통해 돈을 벌면 그만이다. 더 나은 돈벌이 기회가 생기면, 언제든나를 떠날 준비가 되어 있는 사람들이다. 술은 단지 즐기기 위한여흥거리에 지나지 않았고, 그것을 통해 내게 감사함을 느끼는 사람은 단 한 명도 없었다. 그 자리에서는 웃고 즐기며, '우리 이사장님, 우리 이사장님' 하지만, 뒤돌아서면 욕을 할지도 모른다.

나는 그들에게 생활을 해결할 도구와 미래를 만들어갈 무기를주기는커녕, 절제와 경건이 아닌 타락으로 이끌어 도덕적으로 옳지 못한 방향으로 가도록 만들었다. 더구나 '이사장은 돈을 쉽게 쓰고 해달라는 건 척척 다 들어주는 맹목적 굿 보이'라고 인식하게끔 만들었다. 결과적으로 술은 임원을 타락의 늪으로 이끌었고 그들 자신의 본업인 경영과 강의에 더 소홀하도록 만들었다. 결국 술은 돈, 시간만 버린 게 아니라, 우리 모두의 업무 능력까지 지속적으로 떨어뜨렸다.

기강이 해이하거나 실적이 나지 않을 때, 그들에게 술을 사줄 것이 아니라 해고 통지서를 주었어야 했다. 실력이 검증된 전문가를 채용해 그와 함께 아침 6시에 업무 회의를 했어야 했다. 열정적인 분위기가 될 수 있도록 나 스스로 가장 먼저 나오고 가장 늦게 퇴근하는 모범을 보였어야 했다. 어차피 돈을 벌기 위한 목적으로 모였으니, 인맥이나 인간관계 혹은 술자리에서 오는 신뢰가 아니라 목숨을 걸고 일함으로써 자연스럽게 싹트는 신뢰와 존중이 넘쳐나도록 했어야 했다. 임원의 사기 진작은 술이나 회식이 아니라 수익에 따른 일정 비율의 인센티브로 할 수 있도록, 근로 계약 조건에 명기했어야 했다.

'우리는 모두 돈을 벌기 위해 여기 모였다'는 잊을 수 없는 냉엄한 현실을 상기시키면서, 자연스럽게 절제와 경건이 묻어나는 일하는 분위기를 만들고 그 속에서 동료나 선·후임으로서의 신뢰와 존중이 생겨나 제대로 된 관계가 정립되도록 했어야 했다. 그러나 나는 실패 이후에야 이 모든 것을 깨달았다.

학원 못지않게 출판사는 한술 더 떴다. 나는 출판업을 문화 자선 사업쯤으로 생각했다. 내가 가진 종교적 이상에 더해, 가족과 같은 친밀한 분위기를 만들고 싶었다. 그러다 보니 흡사 종교단체 내지는 친목단체 같은 묘한 분위기의 회사가 만들어졌다.

임원과 직원은 모두 같은 종교인 위주로 뽑았다. 직원들과 평일에도 종교적 모임을 가졌다. 관계를 중시하다 보니 회식 횟수가 잦았고 생일이나 기념일, 각종 경조사를 업무 마감 기일 보다 더 철저하게 챙겼다. 시무식, 종무식 같은 각종 식들은 점점 더 많아졌다. 직원들과의 돈독한 관계를 위해 같이 영화를 보거나 책을 보고 대화를 하는 시간도 많이 가지려고 했다. 한마디로 대학 동아리 같은 회사가 되어버린 것이다.

그러나 이는 철저히 잘못된 생각이었다. 회사는 절대 친목단체나 종교단체가 되어서는 안 되기 때문이다.

『좋은 기업을 넘어 위대한 기업으로』의 저자 짐 콜린스는 위대한 기업의 기업문화로 흡사 유사종교 단체와도 같은 열정적인 분위기를 꼽았다. 하지만 이것을 제대로 이해하려면 어디까지나

선후가 명확해야 한다. 창의적인 조직은 놀 때 잘 놀고 일할 때 피 터지게 일한다. 어떤 경우에는 놀다가도 업무 아이디어를 떠올리고 그것이 곧 신규 프로젝트로 이어진다. 하지만 안 되는 조직은 어떠한가? 일할 때는 남의 눈치만 보고 놀 때도 뜨뜻미지근하다. 과거만 답습하고 튀는 아이디어를 내면 밟힌다. 군대와 같은 숨 막히는 위계질서와 쓸데없이 딱딱한 규율이 창조성을 가로막는다.

그런 조직을 만들고 싶지는 않았다. 그러나 반대로 가도 너무 반대로 갔다. 본질을 망각한 채, 무조건적인 자유가 곧 자율을 가져올 것이라 막연히 믿었던 것이다.

제대로 일을 하고 크고 작은 성공을 경험하면서 진정한 신뢰는 싹튼다. 술판을 벌이고 노래방에서 노래를 부른다고 끈끈한 관계가 만들어지는 게 아니다. 오히려 노는 와중에 풀어지고 방만해지면서 서로에 대한 안 좋은 이미지가 형성되기도 한다. 제일 심각한 문제는 느슨해진 머리로는 업무에 대한 감을 잃기 십상이고, 살얼음판 위를 걷고 있다는 긴장감을 잃게 되어 성공의 가장 핵심 주춧돌인 강철 같은 정신력이 흐트러져 버린다는 점이다.

식당에 가보면 잘 되는 곳과 안 되는 곳의 차이를 확연히 알 수 있다. 바로 종업원들의 표정과 몸짓이다. 잘 되는 식당은 파이팅이 넘치고 행동이 일사불란하며 종업원들의 얼굴에 웃음이 떠나지 않는다. 눈코 뜰 새 없이 바쁜 듯 보이지만 질서가 있고, 누가 무엇을 맡을지가 분명히 구분되어 있다. 반면, 안 되는 식당은 청결 상태부터 불량하다. 직원들의 눈은 풀어져 있고 손님이 뭔가를 요구하면 짜증 섞인 표정으로 응대한다. 동선은 엉망이고 실수도 잦다.

그렇다면 잘 되는 식당은 사장이 무조건 잘해주어서 그런 것일까? 백발백중 아니다. 오히려 더 엄격하고 냉철한 경우가 많다. 직원들 사이에 규율이 분명하고 이른바 '성공경험의 전수'가 확실히 이루어진다. 잘하는 선임이 새로 들어온 후배를 확실히 가르친다. 후배는 선임을 믿고 따르며 제대로 해내야 한다는 의지로 충만하다. 따라오지 못하는 사람은 바로 도태된다.

모름지기 사업가라면 가족적인 분위기를 만들기 위해 전전긍긍하며 직원들에게 쩔쩔매기보다는, 우리는 냉혹한 삶의 현장에서 전쟁을 치르고 있다는 사실을 명명백백하게 강조해야 마땅하다. 우리가 여기에 모인 목적, 즉 '이윤 추구'가 제대로 안 되면 회사는 공중 분해된다. 당장에 생계가 막막해지면 모두들 막노동을 하거나 식당에서 설거지를 하거나 전단지를 돌리는 일을 하러 가는 수밖에 없다. 잔인한 말이지만, 그런 '바늘' 같은 이야기를 통해 직원들로 하여금 '피'를 흘리게 하여 몸속에 있는 '게으른 독, 안일한 독, 낭만적 독'을 모두 제거해야 한다.

　함께 영화나 책을 볼 기회가 있다면, '오늘 당장 살아남기 위한' 공부가 되는 것을 보고 읽어야 한다. 종교의 자유는 인정하되, 회사에서 종교모임을 갖거나 전도를 하는 행위는 철저히 금해야 한다. 오히려 회사가 궤도에 오를 때까지는 종교 활동에 지나치게 많은 시간을 할애하는 것을 권장하지 않는 편이 낫다. '이상을 실천'하는 것이 궁극의 목표라 해도, 그러려면 우선 기업으로서의 우리가 바로 서야 하기 때문이다.

　제대로 일이 돌아가지도 않는데 장밋빛 이상을 말하는 것은 사치이고, 우리가 먹고 살 것도 제대로 마련하지 못하면서 남을 도와야 한다고 말하는 것은 허세다. 그런 사치와 허세가 조직에 자리 잡지 않도록 몸과 마음을 다잡아야 한다. 나는 이것이 바로 진정한 경건과 절제의 생활이라고 생각한다. 회사에서도 개인적 인맥을 관리하는 일에 몰두하며, 메신저나 스마트폰의 SNS를 붙잡고 사적인 이야기로 시시덕거리는 모습은 경건과 절제와는 거리가 멀다.

　회사는 절제와 경건의 자세로 치열한 전쟁터에서 이윤을 추구하는 곳이며 양로원이 아니다. 취미생활을 하는 곳도 아니고 사람들과 친교를 쌓는 친목활동을 하는 곳도 아니다. 회사가 성공하려면 개개인이 단단한 사상적 바탕 위에 발을 딛고 정신적으로 무장이 되어 있어야 한다. 그 핵심이 바로 현실주의다.

회사 기물에 먼지가 뽀얗게 쌓여 있는 것을 보고도 그냥 지나치면서 나는 회사를 사랑한다고 말하는 건 거짓말이다. 십분 지각 정도는 괜찮다고 스스로에게 면죄부를 주는 것 역시 도덕성과는 거리가 멀다. 작은 것 하나에 느슨해지면 큰 것에도 어느새 느슨해지게 마련이다. 더구나 임원들과 고급 술집에 가거나 자주 회식을 하는 일이 '회사에 도움이 되는 일'이라고 생각하다니, 내가 내 발등을 찧고 싶을 뿐이다.

회사는 철저히 이윤을 추구하는 곳이고, 그 바탕은 바로 절제와 경건의 자세다. 개인이 성공하려면 현실주의에 바탕을 둔 강한 정신력을 가져야 하고, 회사가 성공하려면 이것이 전체의 기업문화가 되어야만 한다.

허세를 부리지 마라

모두가 그런 것은 아니지만 대부분의 사람들은 높은 자리에 올라가면 폼을 잡게 돼 있다. 괜한 허세를 부리기도 하고 명예를 추구하려 들기도 한다. 그러나 잘 알다시피, 사업을 할 때 폼을 잡으면 반드시 실패한다. 솔직히 나는 처음 사업을 시작 할 때 돈을 벌겠다는 생각도 있었지만 명예를 추구하려는 마음이 강했다. 학원 강사라는 직업은 돈은 많이 벌 수 있을지 몰라도, 사회적으로는 별로 인정을 받지 못하는 직업이라고 생각했기 때문이다. 그래서 나는 돈이 생기면 무언가 그럴듯한 일을 해야 한다고 늘 생각을 하고 있었다. 그런데 지나고 보니 그게 엄청난 독이 되고 말았다.

처음 학원을 인수하자마자 내 직함을 이사장으로 정했다. 마음이 뿌듯했다. '열심히 일해서 여기까지 왔구나!' 하는 행복감이 느껴졌다. 이사장이라고 새긴 명판을 책상 위에 올려두었다. 이사장 집무실도 큼직하게 만들었다. 의자와, 책상, 책장도 멋지고 고급스러운 것으로 새로 샀다. 집무실은 아늑하면서도 고급스러운 분위기가 나도록 만들었다.

당장에 필요한 일도 없는데 임원을 여러 명 채용한 것 역시, 내 안에 있던 '있어 보이고 싶다'는 생각이 작용한 것이다. 있어 보이고 싶다는 욕망을 충족시키기 위해 엄청난 돈을 그들의 연봉으로 쏟아 부었다. 학원 이름도 근사하게 보이기 위해 A학원에서 'A학원그룹'으로 바꿨다. 차도 고급 차로 바꿨고, 비서까지 따로 뒀다. 무려 120여 명의 직원들을 거느리게 됐다는 게 뿌듯하고 자랑스러웠다. 소위 잘나가간다는 사람들도 이때 많이 만났다. 그들에게 'A학원그룹 이사장'이라는 명함을 건네면 왠지 모르게 으쓱해졌다.

그런데 학원 건물이 남들 보기에 부끄러울 만큼 낡았다. 리모델링을 위해 3억 원을 들였다. 겉으로는 학생들을 위해서라고 했지만, 내가 경영하는 학원이 세련되고 멋져야 한다는 허세 때문이었다. 신문광고에 4억 원을 쓰면서 내 얼굴을 대문짝만하게 실었다. 지하철 광고에도 내 얼굴을 실었다. 나 자신이 브랜드였기 때문에 그런 것도 있었지만, 뻐기고 싶다는 이유도 분명 작용했다. 실제 대구에서 길을 걷다 보면 나를 알아보는 사람들이 꽤 있었다. 그 때마다 기분이 좋아졌다.

A학원 브랜드 인수 비용만 해도 10년간 30억 원을 지급한다는 어마어마한 계약서에 추호의 망설임도 없이 사인을 한 것은 앞으로 몇 백 억 원을 모을 텐데 30억 원은 돈도 아니다 라는 생각이 있었기 때문이다. 사인을 하면서도 '나는 이렇게 30억 원을 팍팍 쓰는 사람이야' 하는 뭔지 모를 허세감에 사로잡혀 있었다. 폼을 잡는 순간은 달콤했지만, 그 결과는 참혹했다. 내가 부렸던 허세들은 모두 돈 몽둥이가 되어 나를 사정없이 두들겨 팼다. 이 모든 것들은 내가 부담해야 될 비용으로 다 돌아왔던 것이다. 괜한 폼만 잡다가 그동안 애써 쌓았던 실리들을 모두 잃어버린 격이었다. 결국 2년 사이에 20억 원을 날리고, 나는 실패의 나락으로 떨어졌다.

그때를 떠올리면 지금도 등골이 오싹해진다. 나는 사업을 할 때 폼 대신 실리를 추구했어야 했다. 간부는 당장 업무에 필요한 딱 한 명만 고용해서 비용을 최소한으로 줄였어야 했다. 무엇보다 사장실을 간소하게 만들었어야 했다. 비서를 채용하려면 업무가 너무 과중해 혼돈이 생겨나고 정리를 할 수 없을 정도로 바빠졌을 때 채용했어야 했다. 쓸데없이 이 사람 저 사람 만나는 일을 자제하고 본업에만 전념했어야 했다.

고객의 주머니에서 내 주머니로 돈이 들어와야 누구라도 생존할 수 있다. 그러나 돈은 쉽게 들어오지 않는다. 잘 들어오다가도 어느 순간 수도꼭지를 잠근 것처럼 확 줄어들거나 없어질 수도 있다. 그러므로 여유자금이 생기면 최대한 비축을 해두어야 한다. 자금을 투자하려면 꼭 필요한 곳, 수익과 연결되는 곳에만 써야 마땅했다. 리모델링, 과도한 신문광고, 브랜드 인수 비용 따위에는 단 1원도 쓰지 말았어야 했다. 그랬다면 간부 연봉 4억 4천만 원, 리모델링비 3억 원, 신문광고비 4억 원, 브랜드비 3억 원, 과도한 임대료, 품위유지비, 교제비 등을 절감해 약 연간 18억 원을 아낄 수 있었을 것이다. 그리고 도를 넘은 숫자의 강사와 직원을 채용하지 않았더라면 여기서도 많은 돈을 아낄 수 있었다. 연봉 2천만 원인 직원 20명만 덜 채용한다면, 2년간 무려 8억 원을 아낄 수 있었다.

물론 필요한 인력과 필요한 비용이라면 얘기는 다르다. 그 사람이 정확히 성과를 낼 수 있는 사람이라면, 그리고 여러 사람이 한 사람의 몫을 하는 게 아니라 한 사람이 몇 사람 몫을 하는 일하는 문화와 습관을 만들었다면, 같은 비용을 훨씬 효율적으로 쓸 수 있었을 것이다. 사장이 폼을 잡으면 너도 나도 허드렛일은 하기 싫어하고, 부장이 과장에게 시키고 과장이 대리에게 시키고 말단직원은 사환을 뽑아 시키려 하기 마련이다. 그런 문화를 나 스스로 만들어버린 것이 정말이지 후회막급이다. 결과적으로 쓸데없는 허세에 사로잡히지 않고 정도正道만 걸어갔더라도, 최소한 10억 원 이상은 아낄 수 있었다. 사업하는 사람들 이야기를 들어보면, 월급날만 돌아오면 직원들이 죄다 웬수로 보인다고 한다. 뽑을 때는 꼭 필요한 것 같아 뽑았어도, 수익은 늘지 않는데 월급 줄 날만 꼬박꼬박 돌아올 때 저걸 자를 수도 없고! 하는 후회가 밀려든다는 것이다. 그러므로 사람을 채용할 때는 나중에 이것에 덜미를 잡혀 후회할 일이 없을지 몇 번을 곱씹으며 짚어보아야 한다.

비단 사업가에게만 해당하는 얘기가 아니다. 지금 당장 당신의 통장 지출 내역을 열어보라. 그중에서 꼭 필요한 비용은 얼마나 되는가? 남에게 보여주기 위해서 12개월 할부로 산 명품 가방, 쓸모도 별로 없는데 스펙만 과다한 각종 첨단기기들, 남들이 다 사니까 장만해야 한다고 생각해 리스나 대출을 끼고 산 자동차나 아파트. 남에게 보여주기 위해 쓰는 비용과 정말 필요하기에 쓰는 비용을 나눠서, 아낄 수 있을 때 아끼는 것이 좋다. 펑펑 벌 수 있을 때도 있지만, 아무리 용을 써도 벌 수 없을 때가 반드시 온다.

2004년에 시작해 2006년에 장렬히 최후를 맞이한 내 사업에서 내가 날린 돈 20억 원, 그리고 고스란히 빚으로 남은 10억 원은 분수를 모르고 실리를 외면한 채 폼만 추구한 결과의 말로末路가 무엇인지 보여주는 확실한 증거다. 달콤한 폼을 무작정 추구한다면 평생 빚더미 속에서 회한으로 인생을 마감하게 될 것이다. 이것이 처절하게 실패를 맛본 내가 지금 가장 뼈저리게 느끼는 것 중 하나다.

자신의 일에 미쳐야 한다

부끄러운 이야기를 하나 더 하면, 나는 대구시장을 거쳐 대통령이 되는 것이 꿈이었다. 그래서 한때 행정고시를 준비하기도 했다. 행시는 훗날 대구시장을 하기 위한 포석이라고 생각했다.

물론 지금은 당연히 대통령이 꿈이 아니다. 하지만 이런 생각을 갖고 있던 당시, 나는 자연스럽게 정치 문제에 관심을 많이 쏟았다. 나는 고故 노무현 전 대통령을 지지했다. 그의 정직함, 원칙, 소신, 올바른 결단이 마음에 들었다. 대통령 선거 투표 당일, 노심초사하며 새벽녘까지 TV 앞에서 개표를 지켜보았다. 그리고 그가 당선되던 순간, 혼자서 만세삼창을 불렀다.

그의 당선을 보면서, 대통령이 되겠다는 생각도 포기했다. 나와 같은 이상을 가진 노무현이 대통령이 되었으니 더는 여한이 없다는 생각이 들었던 것이다. 나중에 한 정치 전문 포털사이트에 '노무현 대통령 때문에 대통령의 꿈을 접은 사람'이라는 제목의 글을 올렸고, 조회 수 7천 건 이상을 기록해 대문 칼럼으로 등재되기도 했다.

그뿐 아니라, 이후에도 시간이 나면 틈틈이 그의 재임 시절 청와대 홈페이지에 가서 철 지난 동영상을 보기도 했다. 강의 중에도 노무현 대통령 이야기를 많이 했고, 지인들에게는 그의 저서 『노무현이 만난 링컨』을 선물로 보내주기도 했다.

하지만 이런 행동은 사업가로서는 적합하지 않은 일들이었다. 기업 활동은 냉정하다. 망하면 끝이다. 망하고 나면 누구도 내게 손길을 내밀지 않는다. 내가 열심히 일했건 열심히 일 하지 않았건 관계없이, 결과를 묻는 순간은 어김없이 다가온다. "너 그동안 뭐하고 지냈니? 여기 네 성적표 있어. 받아가." 나는 결과가 내게 건네는 이 냉정한 일갈에 뭐라 답할 말이 없었다. 정치에 관심을 가지면서 나는 업무 중 많은 시간을 인터넷 뉴스를 보는 데 할애했다.

신문기사를 보면 '기업들은 직원들이 업무시간에 개인 홈페이지 관리나 메신저, 인터넷 쇼핑 등을 하는 걸 막느라 애쓴다'는 말에 공감이 간다. 그러나 당시의 나는 인터넷 서핑 조금 하는 것이 사업의 승패에 영향을 얼마나 주겠어? 하는 안일한 생각을 가지고 있었다.

그러나 비즈니스에서의 승패는 종이 한 장 차이에서 결정될 때도 많다. 매일 정치기사를 읽고 댓글을 다는 일이나 여타의 업무와 관계없는 다른 일을 하는 데 30분씩만 사용한다 해도, 1년이면 1,095분, 무려 182시간이다. 하루 8시간 일을 한다고 가정할 때, 무려 23일이 낭비가 되는 것이다. 주 5일 근무라면 거의 한 달이 날아가는 셈이다. 결국 나는 일 년 중 한 달을 인터넷 정치 뉴스를 클릭하며 휴가를 보낸 꼴이었다.

비행기를 타면 이코노미 클래스 승객들은 흔히 정치나 스포츠 신문을 본다. 그런데 비즈니스 클래스 승객들은 주로 경제신문을 본다. 전자는 정치나 스포츠에 관심이 많고, 후자는 경제에 관심이 많은 것이다. 결국 사람이란 관심을 쏟는 것에서 결실을 보기 때문에, 전자는 정치나 스포츠의 달인이 되고 후자는 경제의 달인이 된다. 그런데 전자의 경우 실제 정치인, 스포츠인, 연예인이 아니기 때문에 그들은 스타들이 승승장구하는 것만을 지켜보고 박수만 칠 뿐, 그들 자신이 성공하고 잘 되는 일은 결코 일어나지 않는다. 오히려 스타들이 그들의 응원에 힘입어 성공을 하게 된다. 그리고 경제신문을 보는 이들이 열심히 달리는 사이에, 뒤처져 패배의 쓴잔만을 삼키게 될 뿐이다. 실제 정치나 스포츠 혹은 연예인에 관심을 가지고 있는 사람 중에서 그 업종에 종사하는 자가 아닌 한, 자기 본업에서 성공하는 경우는 단언컨대 5%도 안 된다. 성공이란 그렇게 한눈을 팔면서 얻을 수 있는 손쉬운 것이 결코 아니기 때문이다.

사업을 할 때도 마찬가지다. 처음에는 배가 고프기 때문에 죽어라 하지만, 나중에 어느 정도 배가 부르게 되면 골프 같은 취미 생활이나 이성, 술 등 유흥에 빠져 패가망신 하는 경우가 많다. 자신의 사업이 자리를 잡게 되자 안이한 마음이 생겨 본업 이외의 일을 프로의 수준으로 끌어 올리려고 노력한 결과 벌어지는 일이다. 그러나 실제 뒤늦게 취미 삼아 한 일에서 프로가 되기란 쉽지 않다. 두 가지 일을 동시에 해서 최고의 반열에 오른다는 것은 인간사에서 극히 일어나기 어려운 일이기 때문이다.

그러므로 성공을 하려면 본업 이외의 일에는 가급적 관심을 두지 말아야 한다. 내가 관심을 기울이는 이가 성공한다 해도, 그것은 내가 성공하는 일과는 전혀 관계가 없다. 오히려 시간과 돈과 열정만 낭비하여 본업에서 실패를 하게 되고, 결과적으로 돈 없는 쓸쓸한 노후를 맞게 될 가능성만 많아진다.

"에이, 취미삼아 하루 30분~1시간 정도, 대충 다른 일에 관심 가지는 것도 어때"라고 생각하는 사람이 있다면, 나는 이렇게 말하고 싶다. "가랑비에 당신의 옷은 젖게 되고, 냉혹한 경쟁이 벌어지는 추운 겨울 속에 남겨진 당신은 결국 그 가랑비 때문에 얼어 죽고 말 것입니다. 그리고 이것은 내가 직접 체험한 일입니다."

시간이 흐르고 보면 가장 후회되는 때가 바로 무언가에 완전히 올인 하지 못하고 소홀히 했던 순간이다. 나중에 돌이켜보면 기회가 주어졌을 때 최선을 다하지 않고 뭘 했을까 하는 생각에 스스로의 머리를 쥐어박고 싶을 때가 있다. 잠을 자려고 자리에 누우면, '공부할 수 있을 때 못한 것', '직장이 있을 때 성실하지 못한 것', '조금만 더 갔으면 원하던 걸 이뤘을 텐데 마지막 순간에 게을러지거나 쓸데없이 어영부영하며 흘려보냈던 것' 등 후회의 순간들이 불 꺼진 방구석에서 바퀴벌레 기어 나오듯 스멀스멀 나를 괴롭힌다. 후회할 때 후회할 게 아니라, 닥쳤을 때 해냈으면 됐을 것을.

후회는 누구나 한다. 그러나 다시는 동일한 후회의 순간이 오지 않도록 하는 사람만이 그 후회로부터 무언가를 배운 사람이다. 본업을 할 수 있을 때 본업에 소홀한 것이 얼마나 뼈아픈 것인지는, 실패한 내 과거가 지금 내게 알려주는 엄중한 경고다.

포기와 거절에 능해야 한다

당신은 포기를 잘하는가? 거절을 잘하는가?

흔히 '거절'을 잘해야 한다는 것은 성공하는 사람의 필수요소로 꼽히지만, '포기'라니 의아한 생각이 들지도 모른다. 하지만 내 경험상 이 둘에 능하지 못하면, 사업에서든 일에서든 실패할 가능성이 아주 높다. 내 경우는 둘 다 잘 못했다. 그리고 그 결과 실패했다.

먼저 '포기'에 대해서 생각해보자. 냉정하게 보았을 때 내가 시작한 학원사업은 처음부터 무모한 것이었다. 당시 온라인이라는 변화의 바람이 불고 있었기 때문에 대형학원 인수는 필패의 선택이었던 것이다. 결국 시간을 끌면 끌수록 적자는 늘어만 갔다. 한 달에 8,333만 원, 하루에 277만 원씩 손해를 보았다. 손해만 보고 있던 이 게임에서 내가 만약 속히 포기를 선택했다면 어떻게 되었을까? 한 달만 먼저 포기했더라도 최소한 8,333만 원은 보전할 수 있었을 것이다.

그런데도 나는 반드시 성공할 것이라는 무모한 희망만 바라보고 밑 빠진 독에 물 붓기를 계속했다. 변화의 흐름도 읽지 못했고 본질 중심의 경영도 하지 못했으며 폼만 잡는 총체적 난국 속에서 실패하지 않는 것이 오히려 이상한 일이었다. 이 사실을 깨달았을 때, 바로 그 순간 신속하게 '이보전진을 위한 일보후퇴'라는 포기 전략을 택했어야 했다. 하지만 사나이 뚝심은 죽어도 한 곳에서라는 마음으로 끝까지 사업을 밀어붙인 결과, 2년에 걸쳐 20억 원의 손해를 보게 되었다.

먼저 어떤 일을 할 때, 될 일인지 안 될 일인지 판단을 잘해야 한다. 이 사업을 할까 말까, 이 시험에 도전할까 말까, 심지어 이성을 사귀려고 마음을 먹었을 때조차, 가부可否 여부를 신속 정확하게 판단해야 기회비용과 매몰비용을 적게 치를 수 있다. 그러지 않고 '한번 해병은 영원한 해병'이라는 심정으로 목숨 걸고 끝까지 매달리다가는 큰 희생을 치르게 된다.

'포기'에 능하지 않은 사람은 사기에도 잘 속아 넘어간다. 객관적으로 보아도 내게 돌아올 기회가 아니고 현실 가능한 시나리오가 아닌데 결과에 대한 달콤한 사탕발림에 넘어간다. 화투판의 도박사기, 하루 서너 시간만 투자해 월 수백만 원을 벌 수 있다는 각종 취업사기, 곧 용도 변경이 될 토지에 대한 정보를 당신에게만 준다는 떴다방의 부동산사기까지, 넘어가는 사람의 심리를 살펴보면, 다 포기하는 법을 모르기 때문이다. 애초에 내 것이 아니라는 것을 알고 포기해야 하는데, 본전을 건지겠다는 심정으로 계속 매달린다. 그래서 더 큰 손해를 보고 나중에는 발을 뺄 수 없게 된다.

이 길이 아니라는 판단이 들었을 때는 제대로 된 길로 빨리 방향을 급선회하는 현명함이 필요하다. 어정쩡하게 샛길로 빠져나가는 정도가 아니라, 미련 없이 등을 돌려 전혀 반대 방향으로 가는 용기도 필요하다. 결국 우리가 가고자 하는 종착지는 성공과 행복이다. 그 목적지에 주목을 해야지 가는 행로 그 자체에 집착을 하면 안 된다. 모로 가도 서울만 가면 되기 때문이다. 중요한 것은 서울이지 모가 아니다. 인생을 살다보면, 한 번 갔다고 절대 돌아 나올 수 없는 길이란 없다. 그 길에서 지리멸렬하게 자신을 소비하며 낭비하는 것보다는 전혀 다른 길을 찾는 게 훨씬 더 현명할 때가 많다. 자신의 적성, 재능, 능력, 소질 등을 정확히 판단해, 포기를 할 때는 과감하게 해야 피해를 최소화할 수 있다.

성공의 길에 필수적인 요소는 바로 '거절'을 잘해야 한다는 것이다. 나는 온갖 것에 거절을 못하기로 유명했다. 급여 인상 요구, 각종 단체와 학생들의 후원 요청, 지인의 만남 제의, 돈을 융통하는 부탁 등 정말이지 두루 거절을 못했다. 지금도 잘 고쳐지지 않는데, 나는 체질적으로 거절을 잘 못하는 성격이다.

하나 둘 주어지는 요청을 거절하지 못하다보니, 어느새 그 목록이 산더미처럼 쌓였다. 내가 가진 경제력에도 한계가 있었기에 시간이 지나면서 내가 오히려 도움을 요청해야 할 처지가 되어버렸다. 하지만 사람의 본성이란 묘한 구석이 있어서, 정작 내가 어렵게 되어 도움을 받을 처지가 되자 내가 도왔던 이들은 거의 다 안면을 바꿨다. 도움을 주었던 이들 중에서 실패 이후 몇 년간 연락조차 되지 않는 이들이 95% 이상 되었다. 도움을 요청할 때는 온갖 아첨을 다하더니, 필요가 없어지니까 단물 빠진 껌처럼 가차 없이 버렸다. 그 비정한 모습을 나는 온몸으로 겪었다.

나 스스로에 대한 후회는 없다. 그들에게 도움을 줄 때 대가를 바라고 한 일이 아니었기 때문이다. 하지만 마치 냉동실에 얼려두었던 스테인리스 그릇을 얼굴에 댄 것처럼, 피부가 떨어져나갈 듯 아팠던 심정만큼은 생생하다. 비록 경제적으로 도움은 주지 못하더라도, 마음만은 보여줬으면 좋았을 텐데 하는 섭섭함에 가슴이 먹먹해졌다. 비싼 대가를 지불했지만 소중한 진리를 얻을 수 있었다. 우선은 내가 잘 살아야 한다. 늘 나 자신의 안전을 먼저 생각해야 한다는 소중한 진리 말이다. 물에 빠진 사람을 구하려면 내 수영 실력이 탁월하거나 필요한 장비가 갖춰져 있어야 한다. 그런 것도 없이 무턱대고 뛰어들면 둘 다 죽는다.

예전부터 어른들이 귀에 못이 박히도록 해주는 얘기 중 하나가 '돈 거래는 절대 하지 마라'는 조언이다. 이 말의 참의미 역시 나는 경험으로 절실하게 깨달았다. 내 손에서 떠난 돈은 내 돈이 아니다. 우선 돈 거래를 하면 채권자나 채무자나 다 부담이 된다. 채무자는 형편이 안 되어 못 갚아 괴롭고, 채권자는 못 받아서 괴롭다. 그러니 아예 거래를 하지 않는 편이 좋다. 어쩔 수 없이 거래를 하게 되면, 친구나 혈연지간이라 해도 담보를 설정해야 한다. 상대가 회사를 경영하고 있다면 재정 관련 자료를 요구해 세무조사 하듯 꼼꼼히 살펴보고 믿을 수 있을 때 거래해야 한다. 그렇게 하지 않고 안이하게 돈을 빌려주었다가는 결국 돈도 잃고 사람도 잃게 된다.

후원도 마찬가지다. 어느 정도 사업에 성공을 하면 후원 요청이 많이 오는데, 이걸 다 들어주다가는 큰일이 나게 된다. 말 그대로 한정치산자가 될 수도 있다. 돌아보면 내게는 후원 요청이 꽤 많았다. 그때마다 나는 거절을 하지 못했다. 후원을 해준 개인이 20여 명 이상, 단체도 10여 곳 이상이 되었다. 금액으로 치면 월 수백만 원이었다.

아무리 성공가도를 달리고 있다 해도, 자금을 저축해서 불확실한 내일을 대비해야 한다. 누구라도 내일의 불확실함은 예상하기 어렵기 때문이다. 난 천성적으로 남에게 퍼주는 걸 좋아하는 성격이다. 하지만 나처럼 하면 반드시 실패한다. 이유가 있든 없든 돈 주는 건 쉽지만, 돈을 받는 건 어렵기 때문이다. 벌기도 대단히 힘들지만 돈을 많이 벌 수 있는 시기도 한정돼 있다. 남을 위한다는 명분으로 쉽게 돈을 쓰면, 나중에 나와 내 가족이 큰 어려움을 겪게 된다.

사업 초기에는 최대한 후원 요청을 거절하고, 어느 정도 사업이 안정이 되었을 때 합리적인 범위 내에서 정성껏 하면 된다. 다만 사업이 안정기에 접어들었다 하더라도 분수에 넘치는 후원을 하게 되면 또 어려움을 겪게 된다. 학원 강사를 할 때 사글세를 사는 형편에 학생들에게 월 수백만 원씩 후원을 했다. 물론 그렇게 할 수 있었다는 것이 뿌듯하고 자랑스럽다. 하지만 돈을 충분히 벌고 나서 후원을 했더라면 그 이자만으로도 지속적인 후원을 할 수 있었을 거라는 생각이 든다. 나 역시 최소한의 생활을 할 수 있는 형편은 마련되었을 것이다. 자신의 생활이 안정되어야 비로소 더 넓은 걸 바라볼 수 있게 되는 것이다.

냉철하게 판단해 포기를 빨리하고 내게서 지원을 받으려는 이들의 요청에는 최대한 거절을 해야만 한다. 특히 비빌 언덕이 없을 때는 더욱 더 그렇다. 분수를 모르고 포기와 거절을 몰라 좋은 사람이라는 평판을 듣는다면, 비록 기분은 좋을지 몰라도 현실의 삶은 피폐해질 것이다.

돈이 전부는 아니다

세계경제가 장기불황에 접어들고 국내경기도 그에 따라 침체 일로에 있다. 또다시 여러 분야에서 도산과 감원의 바람이 불고 있다. 마침내 경기침체로 인해 생존을 위협받는 시대가 된 것이다. 그런데 이때 많은 사람들이 이렇게 생각을 한다. '나에게 돈 10억 원만 있었으면!' 사람들은 지금 자신이 돈이 없어서 큰 성공을 못 한다고 생각한다. 돈만 좀 있으면 뭔가 해볼 수 있을 거라고 생각하지만, 나는 망설임 없이 이 생각이 절대적으로 틀렸다고 말할 수 있다.

돈이 인생에서 기회를 안겨줄 수 있는 도구인 것은 분명하다.

수억 내지 수십억이 있다는 것은 분명히 좋은 기회다. 돈이 있으면 공부를 할 수도 있고 사업을 시작할 수도 있다. 즉 성장에 필요한 발판이 되어주거나 새로운 지평을 열어줄 무기 정도는 되어준다. 분명 힘이 되기도 하고 든든한 비빌 언덕이 되기도 한다. 하지만 돈이 당신의 경제적 안정을 계속 책임져주는 것은 아니다. 왜 그럴까?

그 이유는 돈을 지켜주는 것은 돈이 아니기 때문이다. 돈이 있으면 공부도 할 수 있고 사업도 할 수 있고 때에 따라서는 사랑도 할 수 있지만, 그것이 최종적인 성공을 절대적으로 보장해주지 않는다. 이렇게 비유할 수 있다. '인생이라는 게임에서 돈은 마운드의 선발투수다. 선발투수는 경기의 많은 부분을 좌지우지 한다. 그러나 선발투수 혼자만으로는 절대 승리를 거둘 수가 없다. 게임에서 승리를 하려면 선발투수 외에도 타자와 수비진, 불펜투수가 든든히 받쳐주고 있어야만 한다. 그리고 그 모든 것을 조율하는 것은 바로 감독이다.'

여기서 감독은 '집중적이고 지속적인 노력'을 말하고, 타자는 '지식'을 수비진은 '지혜'를 의미한다. 그리고 투수는 '돈'을 말한다. 즉 집중적이고 지속적인 노력을 통한 지식과 지혜가 돈을 만났을 때, 비로소 폭발적인 힘을 발휘한다는 것이다.

돈만 있으면 어떻게 될까? 돈은 분명히 기회이기 때문에 첫 단추를 꿸 수 있도록 해준다. 그러나 돈은 돈 혼자만으로 절대 성공의 길을 갈 수 없다. 내가 그 산증인이다. 나는 사업에 대한 지식 없이 돈만으로 사업을 시작했다. 내가 손에 쥐고 있던 10억 원이면 충분히 성공에 베팅할 만하다고 생각했다. 하지만 지식 없는 돈은 사용법을 모르는 칼을 쥐고 있는 것과 같았다. 열정과 패기는 있었지만 지식이 없었기에 실패를 한 것이었다.

10억 원이 너무 작다고? 그렇다면 수백억 원, 수천억 원이면 충분할까? 그러나 수백, 수천억 원을 투자해 사업을 한다 해도 확실한 지식이 없으면 성공을 할 수가 없다. 확실한 지식만 있으면 돈이 없어도 투자자를 모집해 사업을 할 수도 있고 성공도 할 수 있다. 결국 우리에게 중요한 것은 돈이 아니다. 바로 '지식'이다. 돈을 벌려면 우선 내게 돈이 아니라 지식이 있어야만 한다. 그런 점에서 부모에게 큰돈을 물려받은 벼락부자보다, 부모로부터 지식을 물려받은 이들에게 오히려 더 기회가 있다고 볼 수 있다. 엄청난 노력을 해서 지식을 쌓으면 현재의 부자보다 더 부자가 될 수 있는 잠재력을 지니고 있기 때문이다. 부자가 아닌 상태에 있기 때문에 절박함 면에서도 훨씬 더 앞서 있다.

지금은 너무 많이 인용되어 식상한 비유가 되고 말았지만, 말콤 글래드웰의 책 『아웃라이어Outliers』가 말하는 '1만 시간의 법칙'이 있다. 간단히 말하면, 뭘 하든 1만 시간을 투자해야 비로소 전문가 혹은 달인의 경지에 오른다는 것이다. 1만 시간은, 매일 하루도 빠지지 않고 3시간씩 10년을 투자해야 하는 시간이다. 단순히 책상에 앉아 있거나 무언가를 공부하는 시간을 의미하는 게 아니다. 모든 에너지를 기울여 나만이 습득할 수 있는 지식 혹은 기술을 오롯이 숙련하는 시간을 말한다.

성공은 어느 날 우연한 쟁취가 아니라, 끊임없는 축적의 산물이다. 그런데 우리 대부분은 어떤가? 1만 시간의 노력을 기울이기는커녕 입사 후 바로 자신의 능력을 인정받길 원한다. 조금만 힘들어도 이직이나 전직을 고려한다. 요즘에는 입사 첫날 힘들다고 점심 먹으러 갔다가 안 돌아오는 신입사원도 있다고 무용담을 늘어놓는 상사들도 있다.

물론 1만 시간 동안 미치려면, 미칠 수 있는 조건이 마련돼야 한다. 1만 시간을 투자하고 싶은, 자신을 그 분야 최고로 만들고 싶은, 누가 뭐라 해도 혹은 그 어떤 악조건이어도 절대적으로 매달리고 싶은 반짝이는 그 무언가를 찾아야 한다.

내게 있어 반짝이는 그 무언가는 사람들을 가르치는 일이었다.

그리고 그 일을 위해 밥 먹는 것도 잊을 정도로 몰두했다. 하지만 한 분야의 지식이 다른 분야의 성공을 저절로 가져다주지 않는다는 것을 간과했다. 한때의 성공에 취해 나태해졌으며 방만해졌다. 또다시 성실하게 하루를 투자하는 대신, 크게 베팅해 요행을 얻으려고 했다. 나의 성공과 지식의 바탕 위에 또 다른 지식의 성城을 차곡차곡 지어가는 대신, 과시용 명함으로 미래까지도 살 수 있을 거라고 생각했다. 그리고 처절하게 현실의 복수를 당했다.

결국 언제 어디에서든 모든 승부는 엄청난 노력을 통해 많은 지식을 습득하느냐 여부에 달려 있다. 그러므로 어떤 사업에서든 성공을 원한다면, 먼저 해당 분야의 지식을 확실하게 내 것으로 만들어야 한다. 그리고 그 과정에 많은 시간과 노력을 투자해야 한다.

대부분 많은 사람들이 여기서 포기하고 쓰러진다. 그러나 어떤 사업도 2~3년의 고비만 넘기면 된다. 허리띠를 졸라매고 독한 사람이라는 손가락질을 받아가며 그 기간을 인내해야 한다. 이 기간 동안 피눈물을 머금고 노력하면 무엇이 됐든 성공의 기초를 만들 수 있다. 한 눈 팔지 않고 내가 가고자 하는 길에 꼭 필요한 것으로 하루를 채워가며, 일상의 생각과 취미까지도 온전히 바치면 성공하지 못할 사람은 없다.

결국 당신이 원하는 것이 성공이라면, 당장 당신에게 필요한 것은 돈이 아니라 '노력'이다. 그리고 그를 통한 '지식과 지혜'다. 그 사실을 언제나 잊지 않는다면 현재의 결핍은 조만간 우리의 곁을 미련 없이 떠날 것이다.

학벌과 능력은 상관없다

일반적으로 학벌은 곧 능력으로 평가된다. 언어와 수리를 바탕으로 한 학습능력이 뛰어났기 때문에 좋은 학교에 들어갈 수 있었는데, 흔히 우리는 학벌 좋은 사람을 능력 있는 사람으로 평가한다. 그러나 이 속에는 큰 함정이 숨어 있다. 그것은 바로 현재 하는 일에서 진짜 능력을 만들어내는 것은 '실무능력'과 '통찰력'의 결합이라는 점이다. 학벌은 언어와 수리를 바탕으로 한 학습능력에 대한 결과이지, 실무능력이나 통찰력에 대한 결과가 아니다. 그리고 기업에서는 학벌보다는 실무능력과 통찰력이 훨씬 더 중요하다.

내가 간부로 채용한 사람은 소위 일류대라고 불리는 명문대 출신이었다. 대구를 기반으로 한 학원이었기 때문에, 직원이나 강사들도 최소한 경북대 출신들로 구성했다. 학벌이 1차적 검증의 수단이었기 때문에 그를 통해서 채용을 한 것이었다. 그러나 이는 암기능력의 탁월함을 수익 창출능력이나 판단력, 창의력, 리더십 등으로 오판을 한 것이었다. 사실 대학에서 배운 것은 별 것 아니다. 국어, 영어, 수학 잘해서 대학에 들어간 것은 실무와 전혀 별개의 일이다. 사업은 시대의 흐름을 읽고 합리적인 마인드를 통해서 적절한 타이밍에 판단을 하고, 그를 통해 수익을 얻는 것이다. 그러므로 실무능력과 통찰력이 없고 단지 학벌만 있는 사람의 경우에는 도움이 되지 않을 수밖에 없다. 그러나 나는 그것을 미처 생각하지 못했다.

사실 학벌은 누가 더 정답의 암기를 잘하느냐로 결정이 된다. 그러나 사회에서는 규정된 정답이 없다. 사회에서의 정답이란 스티브 잡스처럼 '정해진 규칙 따위는 무시하고 자신만의 기준으로 자신만의 정답을 새롭게 창조하는 것'이다. 그리고 이는 누가 더 전 세계 사람들과 호흡을 잘하느냐로 결정이 된다. 즉 상품을 세계에서 가장 많이 판매하거나 선거에 출마해서 가장 많은 표를 얻거나 논문을 써서 가장 많이 인용되는 것을 말한다. 그래서 결과적으로 시대를 리드하면서 많은 사람들에게 행복을 선사하는 것이 바로 사회의 정답이 된다. 그리고 여기에는 절대적으로 통찰력이 필요하다. 세계적인 투자자인 워런버핏도 학자이기 때문에 성공을 한 것이 아니라, 통찰력 있는 현인賢人이기 때문에 성공을 한 것이다.

대학에서 배우는 전공과목 역시 그 방향의 굵직굵직한 선만을 보여줄 뿐 섬세하게 해당분야의 현실을 보여주는 것은 아니다. 그렇기 때문에 대학에서 전공은 현실에서 바로 적용을 하기가 어렵기 때문에 기업에서도 대학 졸업자들에게 막대한 비용을 들여 재교육을 시킬 수밖에 없다. 심지어 한 경제학과 교수는 '경제적으로 성공을 하려면 경제학과에 오지 마라'는 말까지 했다. 경제적 성공과 경제학 전공은 전혀 관계가 없고 오히려 부자가 되는 데 더 방해가 된다는 것이다.

대학의 평가라는 것도 그렇다. 오직 암기만 잘하면 과에서 수석을 차지하게 된다. 예전에 대학 다닐 때, 시험기간에 학점이 좋은 친구의 족보를 받아서 공부한 일이 있었다. 그때 이해가 잘 안 가는 부분이 있어, 족보를 작성한 친구에게 물어보았더니 친구는 한참을 들여다보더니 이렇게 말했다.

"에이, 모르겠다. 그냥 외워라."

"네가 만든 건데 왜 모르냐. 이해를 한 뒤 암기를 하려고 하니 좀 설명을 해달라."

그랬더니 그는 윽박지르듯 말했다.

"그냥 외우고 쓰면 A+ 나온다. 복잡하게 생각하지 마라."

그 친구는 과에서 수석을 차지했다.

성공을 하려면 자신만 알고 있는 암묵적 지식이나 종합적 통찰력이라고 불리는 길거리 지식이 필요한데, 이런 방식으로 얻어지는 전공 공부 내지 학점은 그것과 전혀 관계가 없다. 물론 과거의 지식을 교과서를 통해 공부하는 것은 당연히 도움이 된다. 그러나 암기만 하고 스스로 생각을 하지 않으면 아무런 도움도 받을 수 없다. 워런버핏은 이를 두고 이렇게 말했다.

"과거를 알면 부자가 될 수 있다? 그렇다면 도서관 사서가 세상에서 제일 큰 부자가 되었을 것이다. 위대한 투자자가 되기 위해 대단한 수학 실력이 필요했다면, 아마 나는 신문 배달이나 했을 것이다. 스스로 생각할 수 있어야 한다. 나는 지금까지 다른 사람으로부터 좋은 아이디어를 얻은 적이 별로 없다."

지금도 고교 입시의 면면을 보면, 시험 때문에 독서를 등한시한다. 또한 대학교 도서관의 대출목록 순위를 보면 판타지 소설이

상위를 차지하고 있고, 대학 4학년생들은 영어나 면접 기법을 공부하느라 분주하다. 제대로 된 철학서나 사상서, 경영서 등은 1년에 몇 권을 보지 않는다.

해당 분야에서 성공을 한 후에 자기 사업체를 차려 독립을 하기 위해서는 더욱 체계적으로 실무지식을 쌓고 제대로 된 정신으로 무장을 해야만 하는데, 이에 대해서 제대로 알고 있는 이는 많지 않다. 다시 말해 장기적인 경쟁력을 확보하기 위해서는 밑바닥의 실무지식을 쌓아야만 한다. 그리고 이후에 더 큰 기회를 잡기위해서는 세상을 읽고 재해석할 수 있는 통찰력을 길러야만 한다. 따라서 그에 관련된 책들을 집중적으로 보며 고심하고 고민해야한다.

그런데 전혀 그렇게 하지 않는다. 오직 틀에 박힌 전공서적만암기하여 좋은 학점을 받는 데 몰두한다. 그리고 그럴듯한 자기소개서, 유창한 면접기법, 높은 영어 성적만을 지향하고 있다. 그결과 새로운 것을 생각하거나 혹은 어려운 것에 도전하거나 혹은실무에 대해서 제대로 아는 사람은 많지 않다. 그 결과 학벌이 첫취업에는 도움이 되지만 사회에서 제대로 된 경쟁력을 발휘하는데는 오히려 짐으로 작용을 하게 된다.

사람을 채용하려면 학벌보다는 실무와 통찰력에 대해서 꼼꼼히 따져봐야 한다. 문제는 회사에 와서 얼마만큼의 수익을 낼 것인가 하는 것이지, 얼마나 화려한 학벌을 가지고 있느냐가 아니기 때문이다. 그리고 학벌은 실무능력이 없는 한 아무런 쓸모가 없는 간판에 불과하다. 지금은 세계화 시대이고 절대적 경쟁력만으로 승부를 해야 되는 시대다. 이런 시대에 진짜 중요한 것은 간판이 아니라 진짜 실력이다. 그러므로 학벌보다는 사업에서 빛을 발휘할 수 있는 실무지식을 쌓고 스스로 생각할 수 있는 힘을 길러야 한다. 실무지식은 우리가 흔들림 없이 나갈 수 있도록 도움을 줄 것이고, 스스로 생각할 수 있는 힘은 우리를 '대세만 추종하는 만년 팔로어'가 아니라 '리더'로 우뚝 설 수 있도록 도움을 줄 것이다.

나도 학벌만을 보고 채용을 했던 것을 후회하고 있다. 지금은 나부터 변화가 되어야 할 때라고 생각한다.

누구든지 경제전쟁터에서 화려한 훈장(학벌)만을 믿고 끊임없이 노력을 하고 있지 않다면 좋은 무기(실무지식)를 가지고 탁월한 전략(통찰력)에 능통한 훈장 없는 적군(학벌이 약한 경쟁자)에 의해 큰 패배를 경험할 것이다. 전쟁에서는 '훈장'이 아니라 '무기'와 '전략'이 절대적인 경쟁력이기 때문이다. 그리고 우리는 바로 이 전쟁 속에 있다.

충분히 검토하고 준비하라

회사를 창업 하거나 큰일을 도모하기 전에 철저한 준비를 해야한다. 누구나 고개를 끄덕이며 공감하지만 실패하는 사람들은 모두 준비를 철저하게 하지 않은 이들이다. 준비를 철저하게 하는 이상, 사업은 90% 이상 성공할 수밖에 없는 확률 게임이기 때문이다.

물론 인간은 한낱 미물에 불과하기 때문에 완벽에 완벽을 기하더라도 운運에 따라 실패를 하거나 심지어 절체절명의 위기에 직면하기도 한다. 그러나 계속 도전을 하고, 도전의 횟수를 높여나가면, 몇 번의 시행착오를 겪으면서 성공 확률은 확연히 올라가게 된다.

먼저 사업을 하려면 '실무'를 잘 알아야 한다. 그리고 그 실무에 대해 조금이라도 모르면 실패의 가능성은 매우 커진다. 따라서 어떤 분야에서 사업을 하려면 동종업계의 사람들로부터 실무를 먼저 배워야만 한다.

거친 비즈니스 세계에서 아무런 지식 없이 열정과 패기만으로는 결코 성공을 할 수가 없다. 제대로 알지 못하면 어떤 것도 할 수가 없고 모든 것은 무모한 실험이 되고, 그것은 모두 비용 지출과 시행착오, 실패로 귀결이 된다. 그러므로 어떤 사업이든 성공을 하려면 실무에 대해 동종업계의 사람들로부터 가르침을 얻어야 한다.

내 경우는 메가스터디 손주은 대표를 만나 조언을 들어야 했다. 스스로가 '하수下手'라는 사실을 인정하고 고개를 숙이고 배우겠다는 자세로 겸손함부터 갖춰야 했다. 그러나 나는 실패한 후에야 그를 찾아가 배움을 요청했다. 훨씬 전에 했어야 하는 일을 사후약방문死後藥方文 격으로 뒤늦게 깨달은 것이다. 제 아무리 고시에 합격한 사람이라도, 미국에 이민 가서 세탁소를 하려면 한국 세탁소의 직원으로 취직부터 해야만 한다. 그것이 첫걸음을 걷는 자의 바람직한 자세이고 객관적인 실력을 키울 수 있는 가장 빠른 지름길이기 때문이다.

또 한 가지 내가 뼈아프게 깨달은 사실은 '글로 쓴 사업계획서'의 중요함이었다. 사업을 하기 전, 필요한 사항들은 모두 글로 정리를 해야만 한다. 경영을 하기 전에 반드시 알아야 될 것들을 정리하고 그 답안들을 글로 써나가는 것이다. 모르는 것은 책을 찾아보고 기록을 해서 만반의 준비를 하는 것이다. 그리고 혹시라도 모를 일까지 세세하게 기록하여 준비를 하는 것이다. 해당 사업을 하면서 반드시 알아야 될 실무지식과 갑자기 발생할 수 있는 일에 대해 알아둠으로써 위험을 최소화해야만 한다. 그렇게 한다면 불확실한 사업세계에서 위험부담은 최소화하면서 성공가능성은 최대한으로 높일 수 있게 된다. 물론 모든 사항들을 세세하게 기록할 수 없고 예상치 못한 일도 계속해서 발생하기 때문에, 어느 정도의 준비를 마친 뒤에는 일을 진행하면서 하나씩 하나씩 문제를 해결해 나가야 한다.

내가 이 책을 쓰는 것이 바로 실패로부터 배운 교훈과 앞으로의 사업을 도모하기 위해 써내려간 일종의 사업계획서인 셈이다. 그러므로 누구든지 처음 사업을 시작하려는 이들에게 꼭 이 실패로부터 배운 사업계획서를 보여주고 싶다는 열망이 강한 것은 물론이다.

결론적으로 말하면, 사업을 하기 전에는 철저한 준비가 제1의 자산이고, 그를 위해서는 지식, 즉 실무와 관련된 노하우를 쌓는 것부터 출발을 해야 한다. 해당 사업에 대해 제대로 알지 못하고 시작하면 반드시 실패하기 때문이다.

20세기의 가장 영향력 있던 과학철학자 칼 포퍼도 '인생은 문제해결의 과정'이라고 했다. 문제를 해결하기 위해서는 알아야 한다. 더구나 냉혹한 사업세계에서 패기와 자신감만으로 해결할 수 있는 문제는 거의 없다.

첫째, 해당 업종의 대표 주자를 만나 가르침을 받아야 한다. 청춘에게만 멘토가 필요한 것이 아니다. 위로를 받고 잠시의 자극을 받기 위한 만남은 필요 없다. 무작정 만나서도 안 된다. 글로 쓴 사업계획서를 철저히 준비한 후에, 그것이 얼마나 현실적이며 장애물은 무엇인지 검증 받고 실질적인 조언을 듣기 위해 만나야 한다.

둘째, 모든 준비사항들을 꼼꼼히 나열해보고, 그에 대한 답을 해두어야 한다.

셋째, 모르는 내용은 일일이 찾아서라도 꼼꼼하게 답을 해두어야 한다.

넷째, 위의 세 가지를 토대로 창업을 하기 전에 법률지식, 회계지식, 직원관리, 교육제도, 시대 흐름, 철학적 기준(미션) 등을 테마별로 분류해서 나만의 경영 계획을 세워두어야 한다.

그리고 중요한 의사결정을 해야 하거나 예상치 못한 일이 닥쳤을 때, 즉흥적으로 내키는 대로 하는 대신 이렇게 미리 정해둔 지침에 따라 심사숙고해야 한다. 물론 완벽을 기한다고 허구한 날 준비만 하고 있을 수는 없는 노릇이다. 모든 걸 다 준비하는 건 불가능하기 때문이다. 어느 정도의 준비를 마친 뒤에는 실전에 임하면서 문제를 해결해나가는 수밖에 없다. 예상치 못한 돌발변수는 언제나 있고 상황은 언제든 바뀔 수 있다. 그때마다 새로운 변화에 맞춰 나의 경영 계획을 업데이트하고 현실화해야 한다. 그게 인생이고 그게 사업이다.

준비가 철저하다면 실패할 확률을 현저히 줄인 상태에서 사업을 시작할 수 있게 된다. 인생과 사업세계에서 완벽함은 존재하지 않는다. 다만 끊임없는 노력을 통해서 성공 확률을 높이는 것, 그것이 인생과 사업세계의 정답이다.

비단 사업을 시작하는 사람만의 문제가 아니다. 자신이 전문가가 되고자 하는 분야가 있다면, 최소한 그 분야의 매뉴얼을 쓸 수 있을 만큼 지식으로 무장해야 한다. 그때, 그때 상황에 따라 임기응변하듯 대처하는 것으론 절대 전문가가 될 수 없다. 또한 윗사람이 시키는 것만 모범적으로 해내는 성실함만으론 대세를 만들어내는 리더가 되기란 불가능하다.

하나를 보아도 열을 생각해내는 사람이 있고, 눈앞에 힌트가 버젓이 있는데도 그냥 스쳐 지나가는 사람이 있다. 그것은 바로 평소 고민의 깊이만큼 기회가 걸려들기 때문이다. 투망을 넓고 깊게 쳐야 고기가 잡히게 마련이다. 일에서의 학습내용과 그것을 뛰어넘은 자기만의 고민을 지식 아카이브로 저장해둔 사람과 그렇지 않은 사람은 몇 년 만 지나면 확연히 차별화되어 버린다.

동종업계의 사람을 만나고 스스로 공부를 거듭하고 찬찬히 기록하는 습관을 키워야 한다. 자신이 원하는 것을 성취한 후에는 또 다른 목표를 설정하고 끊임없이 배우고 노력하는 치열한 마음을 놓지 않는 사람만이 자기만의 인생 고지를 점령한다.

비즈니스는 전쟁이다

기업의 생명은 제품의 품질이다. 품질이 좋으면 일류 기업이 되고, 품질이 나쁘면 삼류 기업이 된다. 출판사라면 책의 함량으로 승부해야 하고, 소프트웨어 회사라면 소프트웨어의 기능과 속도이며, 학원이라면 '강의'가 바로 제품이다. 그리고 이 경우 제품 생산자는 강사다. 앞에서도 말했듯이, 내가 도전했던 학원 경영의 본질은 강사이며 강사는 학원의 엔진이자 심장과 같다.

이렇게 '본질'에 대해 꿰뚫는 게 중요하다. 어떤 사업을 하든 모든 것을 끌어올릴 수 있는 지렛대, 그것을 파악해 거기에 목숨 걸고 집중하는 게 필요하다.

학원을 경영한다면 강사 관리가 지상 최대의 과제다. 구멍가게만 한 보습학원 원장이든, 대규모 프랜차이즈 학원의 경영자든, 그들이 온 힘을 다해 집중해야 하는 과제는 학원 강사들의 강의 수준을 어떻게 하든 끌어올리는 것이다. 만약 실패하면, 강의 품질이 낮아질 것이고 당연히 수강생들을 발길을 돌린다. 이런 일이 장기간 지속되면 학원은 결국 문을 닫아야 한다.

IBM의 창업자인 토마스 왓슨은 최초의 '경영 개념'을 도입해 회사를 설립한 인물이다. 그는 자신의 경험을 이렇게 말했다. '어떤 기업이 성공하느냐, 실패하느냐, 그것의 실제 차이는 그 기업에 소속되어 있는 사람들의 재능과 열정을 얼마나 잘 끌어내느냐 하는 능력에 의해 좌우된다고 나는 믿는다.' 아마도 굳이 이름 붙이지는 않았지만, 그가 말하는 것의 실체가 바로 '리더십'일 것이다.

사업체의 구성원들이 최고의 재능과 열정을 발휘하게 하려면 어떻게 해야 될까? 내가 꼽는 제1의 동기부여 방법은 바로 '배울 것이 있어야 한다'는 것이다.

몇 달 전, 약속 때문에 서울 번화가의 한 카페를 찾은 적이 있었다. 손님이라고는 두 테이블밖에 없는데, 뭘 하나 시키면 함흥차사다. 나중에 계산을 하려고 가게 안 카운터에 가니 아르바이트생으로 보이는 직원이 세 명이나 있었다. 한 명은 설거지에 열중하고 있었고, 두 명은 일상의 대화로 이야기꽃을 피우고 있었다. 그중 한 명은 사장은 아닌 듯하고, 사장의 친인척쯤 되는 것 같았다. 앞치마도 두르지 않고 잡지를 들여다보거나 손톱을 다듬으며 대화를 하고 있었다. 카운터에 서서 한참을 기다려도 아무도 오지 않기에, 헛기침을 했더니 그제야 계산을 도우러 직원 한 명이 다가왔다. 그러나 그 직원은 내게 인사를 건네지도 않고, 기계처럼 카드만 받아 결제를 하고 다시 대화에 열중했다. 얼마 지나지 않아 그곳 부근을 다시 지나게 되었는데, 그 카페는 철거 중이었다. 아마도 장사가 안돼서 접었을 게 분명했다. 물론 그들이 전문가가 되려고 그 가게에 아르바이트생으로 취업을 한 것은 아니지만, 서로 배울 것도 없고 치열하지도 않은 환경 속에서, 무얼 느끼고 돌아갔을지 걱정스러웠다.

학원이라면, 강사들이 그곳에서 일하는 이유는 두 가지다. 첫째, 돈을 벌기 위해서이다. 둘째, 일류 강사가 되겠다는 목표를 이루기 위해서이다. 강사들의 기본적인 생각에는 학원생들이 더 효율적으로 공부할 수 있도록 돕는 조력자라는 사명감도 존재할 것이다. 그러나 무료로 누군가를 돕거나 공부방에서 자원봉사 활동을 하지 않고 학원 강사로 오는 이유는 앞서 두 가지 이유 때문이다. 그렇다면 경영자로서 그들을 리드하는 가장 좋은 방법은 첫째, 돈을 더 많이 벌게 해주고 둘째, 일류 강사가 되는 목표를 이루도록 해주는 것이다. 그들 자신이 가지고 있는 건전한 상승 욕구를 적절하게 자극하고 압박해서, 팽팽한 전투 분위기가 들도록 조성을 하면 된다.

즉 돈을 벌지 않으면 생존할 수 없다는 분위기, 서로 앞서거니 뒤서거니 달리면서 배울 게 있는 분위기를 만들어주어야 한다.

단과학원의 예를 들면, 학원의 사업파트너로서 강사는 일반적으로 50 : 50의 이익배분 구조를 갖는다. 그런데 연수입이 얼마 이상 되면 추가로 몇 프로를 더 준다거나, 얼마 이하로 떨어지면 몇 프로를 덜 준다거나 하는 방식으로 자신이 버는 돈에 대한 감각을 키워주어야 한다. 더 강한 동기부여 방법으로 지분을 준다든지, 실적이 떨어지면 단호하게 정리해고를 한다든지 하는 방법도 있다.

반면 종합반 강사의 경우는 학원의 직원으로서, 여러 복리후생 혜택을 누리기 때문에 단과반 강사만큼의 철저한 수익 배분은 불가능하다. 그러나 그 방식에 맞게 인센티브Incentive와 디스인센티브Disincentive를 명확히 하고, 칭찬과 질책과 지시를 분명히 해야 한다.

여기에 인정人情이나 의리가 들어가서는 절대 안 된다. 돈을 벌기 위해 모인 집단에서 돈 이외의 것이 커지면 필연적으로 망할 수밖에 없다. 이익집단과 친목집단의 룰을 혼용해 조직을 운영하면, 필연적으로 놀자 문화가 판치게 된다. 사장이 보고 있을 때만 움직이는 척하는 수동적인 문화를 만들거나, 심지어는 모두가 놀고먹는 콩가루 문화를 만들 수도 있다.

축구장에 들어간 사람이 농구장인 양 착각을 하고 손으로 골을 넣은 뒤, 심판에게 '왜 무효냐?'고 항변한다. 이런 일이 회사에서도 비일비재하게 일어난다. 출근 시간을 지키지 않고 밥 먹듯 지각해도 '나만 그런 게 아니다'라고 항변할 수 있는 상황을 만들거나, 실적에 대한 평가가 명확하지 않으니까 '왜 쟤만 많이 주느냐'고 불평할 수 있는 상황을 만들어선 안 된다는 말이다.

수많은 방법들을 시나리오화해서 구성원을 자극할 수 있는 방법을 생각해야 하며 모두의 '의식의 질적 수준'을 상향평준화해야 한다. 의식의 질적 수준을 높일 자신이 없거나 아무리 해도 구제 불능이라면, 직원을 내보내거나 아예 사업을 하지 말아야 한다.

프랑스의 정신과 의사 프란츠 파농Frantz Fanon은 '다리를 건설하는데 그 일을 하는 사람들의 의식이 질적으로 높지 못하다면 그 다리는 차라리 짓지 않는 게 낫다. 필연적으로 붕괴될 것이기 때문이다'라고 일갈했다.

물론 나는 할 말이 없는 사람이다. 학원을 경영 할 때 이런 문제들을 깊이 생각하지 못했고 절감하지도 못했기 때문이다. 수시로 강사들의 분위기를 바꿔 보려고 노력을 했지만 독려만 했을 뿐 질책하지도 않았고 심지어 정리해고 같은 초강수는 두지 않았다. 물론 공포 경영이 능사는 아니지만 잘못해도 처벌 받지 않는 문화를 만들어서는 안 된다. 내가 경영하던 학원에서는 누구도 실적이 떨어져 일자리를 잃게 될까 두려워하지 않았고, 그 결과 제대로 된 행동이 유발되지 않았다.

대신 패배의식의 전염속도는 놀라웠다. '대충 해서 밥만 먹고 살면 되지, 얼마나 부귀영화를 누리겠다고 사서 고생을 하느냐?'는 의식이 모두에게 팽배해졌다. 부지런함보다는 나태함 쪽이 따라 하기 쉽고, 청렴과 강직함보다는 부패와 비겁함의 파급 속도가 더 빨랐다. 진작 싹을 잘라냈어야 했는데, 한 번 썩어 들어간 조직은 점점 더 깊이까지 병들어갔다.

처음 학원을 인수하고 파격적인 조건으로 채용한 원장을 해고했을 때 많은 강사들이 동반사직을 했다. 그때, 재수종합반은 일시에 엉망이 되었다. 평소에 강사 관리가 잘 안 되었기에, 결원이 발생하자 위기관리는 엄두도 낼 수 없었다. 결원이 된 강사의 반과 남은 강사의 반을 합반시키자, 두 반의 수업 진도 차이가 35시간가량 됐다.

갑자기 합반이 되자 불만을 품은 학생이 "선생님, 수업 진도가 너무 차이가 납니다."라고 항의하자, 강사는 "그럼, 너는 배운 거 다 알아?" 하고 오히려 학생을 다그쳤다. 낯선 상황이 불편하고 공부하던 패턴이 바뀌어 도움을 요청하면, "너희 목표는 오로지 대학이야. 딴 거 신경 쓸 시간에 공부나 해." 하며 오히려 학생을 꾸짖었다.

수업 진도가 늦어진 학생들을 주말이나 남는 강의시간에 따로 모아 가르치거나 상황을 솔직하게 설명하고 난관을 헤쳐가려는 강사는 없었다. '다른 학원은 더 열악하다'며 윽박지르고, 수강료나 늦지 말고 내라며 돈만 밝히는 강사에게 학생들은 치를 떨었다. 어떤 강사는 학생들에게 '자기도 힘들다'며 학원 욕을 늘어놓기도 했다.

고객에게 '우리 회사 사정이 이렇게 됐으니 올 테면 오고 말려면 마라', '다른 회사 제품은 더 후졌다', '나도 이 회사에서 일해 먹기 힘들어 죽겠다'고 하는 꼴이었다. 누구도 '주인'으로서 행동하지 않았고, 자기가 챙겨갈 몫에만 관심을 두었다.

나는 이처럼 직원 관리를 허술하게 했다. 그들이 항상 업무에 충실할 수 있도록 정신자세를 팽팽하게 만들었어야 했는데 전혀 그렇게 하지를 못했다. 학원의 재정상태가 점점 나빠지고 있었지만 마음이 약해 직원들에게 심한 말을 못하는 성격 때문이었다. 좋은 말만 해주고 무조건 잘해주었다.

직원들은 이런 나를 보고 편하게만 생각해 태만과 해이함으로 일관했고, 나는 그런 경우에도 채찍을 가하지 않았다. 상황은 점점 더 최악으로 변해갔고. 어려운 상황을 타개하려고 나 혼자만 분주했다. 그러나 고객에게 대가를 얻어야만 존재할 수 있는 기업이라는 배는 선장 혼자의 분투만으로는 반드시 침몰할 수밖에 없었다.

『지도자의 도 The tao of Leadership』의 저자 존 하이더John Heider는 '현명한 지도자는 사람들을 보호하려고만 하지 않는다'고 말했다. 현명한 지도자는 모든 사람들을 보호하려는 대신, 옥석을 가려낸다. 그리고 실질적으로 도움을 주는 사람과는 동행을 하고, 그렇지 않은 사람과는 과감한 결별을 한다. 불성실한 일부 구성원 때문에 조직이라는 배에 역병이 돌고 종국에는 다 같이 침몰해 성실한 구성원까지 몰살시키는 어리석은 지도자가 아니기 때문이다.

현명한 지도자가 되려면 직원들 사이에 팽팽한 전투적 분위기가 돌도록 만들어야 하며, 그에 방해가 되는 직원은 과감히 정리해야 한다. 더 열심히 하는 직원에게는 더 많은 당근을 주되, 그 달콤한 당근이 왜, 무엇에 대해 주어지는 것인지 명확히 해야 한다. 잘될 때 떡고물 돌리듯 성과급을 지급하고, 안될 때는 허리띠를 졸라매고 사람을 자르는, 그런 주먹구구로는 열정이 생겨날 수 없다.

정리해고의 기술

 정리해고든 권고사직이든, 누군가를 잘라내는 것은 마음 아픈 일이다. 될 수 있으면 하고 싶지가 않다. 그것은 누구나 같은 마음일 것이다. 그러나 해고를 해야 할 때는 주저 없이 해야 한다. 그래야만 실패를 면할 수 있다. 정리해고의 경우, 문제는 결국 현실논리와 윤리 간의 갈등이다. '현실'은 모든 직원을 데리고 갈 수가 없는데 데리고 가야만 하는 '윤리' 때문에 갈등이 발생한다. 이때 무엇을 기준으로 삼을까를 명확히 하면, 이 갈등은 쉽게 풀린다. 성공한 CEO들은 가슴은 아프지만 눈물을 훔치며 정리해고를 한 사람들이었다.

 일부의 헌신과 희생으로 모두가 살 수 있는 길도 있다. 그러나 때로는 너무 깊이 썩어 들어가서 그것을 끌고 가려 하면 다른 모두가 공멸할 수도 있는 아픈 수족도 있다. 그때 그것을 잘라내는 선택을 하는 것, 그것은 아프기에 더 절체절명의 과제가 된다.

한때 KBS에서 방영한 '불멸의 이순신'이라는 드라마가 큰 인기가 있었다. 나는 그 드라마의 한 장면 속에서, 15세기형 정리해고를 감행한 이순신 장군의 모습을 발견했다. 그리고 내가 하지 못했던 그 과감한 지도력에 가슴 한쪽이 묵직해져오는 감동을 느꼈다.

1598년 무술년 10월 3일, 조선과 명나라의 연합군은 고니시 유키나가(小西行長)가 점령하고 있던 순천 왜교성을 공격했다. 그러나 이때 삼로군 중 서로군의 제독이었던 유정은 육상에서의 협공 약속을 지키지 않았고, 결국 수군 단독으로 전투를 하게 되었다. 이때 유키나가는 왜교성 전투에서 이순신과의 결전을 결심한다. 그리고 그 전략적 키워드로 '윤리적 미끼'를 내세웠다. 그것은 '명나라 해군장수 진린과 조선족 포로'라는 미끼였다.

유키나가는 명나라의 육군 장수인 유정과 해군 장수인 진린이 라이벌 관계라는 것에 주목했다. 그래서 유정에게는 첩자 요시라를 보내 왜교성을 공격하는 척만 하도록 획책했고, 유정은 진린에게도 이순신만 앞에 내세우고 뒤에 빠져 있으라고 전갈을 한다. 그러나 진린은 이 소식을 듣고 유정이 혼자서 전공을 독차지하려는 것으로 오해했다. 그래서 더욱더 욕심을 품고 공격적으로 진격한다.

진린의 과욕은 곧 오판으로 이어졌고, 조선 바닷길의 생리를 모른 채 일본 진영의 깊숙이까지 들어가게 된다. 조선의 퇴각 신호도 무시한 채 더욱더 깊숙이 들어갔고, 결국 썰물이 되어 갯벌에 갇히고 만다. 때를 놓치지 않고, 육지에 있던 일본군들이 총진격을 해왔다.

유키나가는 또 다른 복안도 준비해두었다. 조선인 포로를 일본군 배의 총알받이로 내세움으로써 조선군의 함포 사격을 멈추고자 했던 것이다. 조선인 포로들이 뱃머리에 묶여 있는 모습을 본 이순신의 수하 이영남은 즉시 발포를 중지시켰다. 이렇듯 조선군이 멈칫하는 사이, 신이 난 일본군들은 공격을 감행했고 조선군들은 속절없이 쓰러졌다.

"장군의 작전이 들어맞았다. 적의 예기가 꺾였다. 이 틈을 노려라. 어서 쏴라!"

일본군의 기세는 등등해졌다.

이영남은 이순신에게 충정을 담아 고한다.

"장군, 저들을 살려야 합니다. 우리가 퇴각하면 저들도 포로를 죽이지는 않을 것입니다."

그러는 사이에도 조선 수군은 활시위를 당기고도 쏘지 못하다가 적탄에 쓰러져 나갔다. 이순신은 고뇌에 찬 눈빛으로 포로들을 바라보았다.

이순신은 적의 배와 자신의 배를 계속 번갈아보며 고뇌했다. 적의 배에서는 조선인 포로가 '살려달라'고 아우성을 치고, 아군의 배에서는 조선군 병사들이 하나 둘씩 죽어나갔다. 이순신은 다시 한 번 양쪽 배를 더 번갈아 바라보다, 결국 공격 명령을 내린다.

이영남은 절박하게 저항했다.

"장군, 우리 백성을 향해 공격을 할 수는 없습니다."

그러나 이순신은 냉정하게 말한다.

"우리가 공격하는 것은 일본군 선봉장 고니시 유키나가의 대장선이다."

이영남이 수차례 재고를 청했지만, 이순신은 명령 불복종에는 죽음밖에 없다고 단호하게 말한다. 그리고 끝끝내 이순신은 공격을 한다. 결국 유키나가는 화살에 맞아 배에서 떨어지고, 이순신은 승리를 거두게 된다.

이순신은 뻘밭에 갇힌 진린을 구하기 위해 수하 황세득을 보내려 한다. 이제 곧 인근 해역이 모두 뻘밭이 되기 때문에, 지금 들어가면 목숨을 보장할 수 없다.

이영남은 또다시 간한다.

"부하들을 다 잃을 수도 있습니다. 우리가 왜 명나라 군 때문에 무모한 희생을 자초해야 합니까?"

또 다른 수하 권준은 이영남의 견해에 반박하며 주장한다.

"닥치지 못할까? 진린 도독이 전사라도 하면 어찌 되겠는가? 조명 연합수군은 무너질 것이고, 모든 명나라 군사들은 철수하고 말 것이야. 그리되면 전란은 어찌 될 것인가. 한도 끝도 없이 길어질 것이야. 알겠는가?"

말없이 이들의 말을 듣고 있던 황세득은 이순신에게 군례를 올리고, 이순신은 그를 안타깝게 바라본다. 결국 이순신은 황세득을 보낸다.

황세득이 이끄는 지원군의 군세가 위태로워졌다. 이영남은 이순신에게 또다시 간절하게 고한다.

"황 첨사가 위험합니다. 부하들이 죽어갑니다."

그러나 권준은 이순신을 만류한다.

"이미 물이 많이 빠졌습니다. 지원군을 보낸다면 희생만 커질 뿐입니다."

이영남은 울부짖는다.

"죽어가는 부하들을 두고 갈 순 없습니다."

이순신은 조용히 결론을 내린다.

"희생만 커질 뿐이야."

이영남은 또다시 항거한다.

"따를 수 없습니다."

이순신이 다시금 냉정한 어조로 말한다.

"명령이다."

분노한 이영남은 "모릅니다. 저는 그따위 군령." 하고 선언하듯 말하며, 출정을 하려 한다. 이순신은 그런 그의 뒷덜미를 칼등으로 내리쳐 기절시킨다. 그리고 죽어가는 조선 수군들을 안타깝게 바라본다.

결국 진린은 살게 되고, 황세득은 전사한다. 얼마 후, 황세득의 시신이 진영에 도착했지만, 이순신은 장군들의 동요를 막기 위해 오히려 덤덤하게 시신을 맞이한다.

그러나 그날 새벽, 이순신은 잠을 이루지 못하고 숲에 홀로 들어가 나무를 짚으며 통한의 눈물을 삼킨다.

가슴 아픈 현실이지만, 결국 오늘날의 CEO들에게도 이런 고뇌의 결단을 해야 할 순간이 온다. 누군가가 '사장은 외롭다'는 말을 한 적이 있다. 모두의 생존을 책임져야 하기에, 때로는 너무 가까워 오히려 의사결정을 방해하거나 앞으로의 행보에 장애물이 될 수도 있는 이들을 내 수족을 잘라내듯 잘라내야 하는 순간이 온다. 안정적으로 성과를 내고 그것을 통해 지금까지의 생존을 가능하게 만들어주었던 이들이라 해도, 어떤 순간에는 그들을 비바람이 몰아치는 허허벌판으로 내몰아 또 다른 미래를 개척하게 만들어야 할 때도 있다.

누가 자신의 부하를 사지死地로 몰고 싶겠는가! 하지만 그렇게 해야 된다면 반드시 그렇게 해야 한다. 과거의 번영을 만들었어도 미래의 독毒이 될 존재가 되었다면 그것을 잘라내야 한다. 때로는 지금 당장 아쉽고 아파 죽을 것만 같은 사지라도, 잘라내야 한다면 잘라내야 한다.

1980년대 최고 전성기를 누렸던 코닥이 이제 파산을 눈앞에 두고 있다고 한다. 필름 카메라가 최고의 인기를 누리던 시절, 그들은 전 세계시장을 장악했고 승승장구했다. 그러나 디지털이 대세를 이룬 지금, 명함을 내밀 곳이 점점 줄어들고 있다. 아이러니한 것은 디지털 카메라를 처음 발명한 것이 바로 코닥이었다. 그러나 기존 세력의 견제 속에서 신기술을 외면했기에, 지금 그들의 운명은 멸망의 코앞에 와 있다.

나 역시 마찬가지였다. 물론 내 경우는 CEO였던 내게 99.9%의 책임이 있다. 그러나 '이게 아닌데' 라고 느꼈을 때, 내 곁에서 '이대로도 헤쳐나 갈 수 있다.', '지금껏 벌인 일을 접으면 여기 있는 사람들은 어쩌란 말이냐'고 읍소하던 이들을 과감히 잘라내지 못한 걸 후회한다. 그들은 충신인지는 몰라도 지혜로운 부하는 아니었기 때문이다.

당신에게는 그런 일이 벌어지지 않을까? 현실과 윤리가 충돌하고, 명분과 실리가 대결하는 순간이 없을까? 목숨까지는 아니라도 최소한 누군가를 잘라내야만 하는 상황은 반드시 온다. 아무도 잘못하지 않았어도 경제상황이 어려워지면, 나머지의 생존을 위해 일부의 희생이 필요한 경우도 있다. 실제의 전쟁에서는 '목숨'이겠지만, 경제의 전쟁에서는 '일자리'가 된다. 겉모습만 다를 뿐 '본질'은 같다. 일부의 목숨을 계속 부지하기 위해 모두가 공멸할 수도 있다.

회사 사정이 갑자기 빠듯해졌다. 돈은 한정되어 있는데 나갈 곳은 많다. 불필요한 경비를 줄이고 허리띠를 졸라맸지만, 여전히 해결책은 보이질 않는다. 두 명의 직원이 있다. 모두 헌신적이고 성실하다. 하지만 한 명은 능력이 탁월해서 연봉 5천만 원을 주면 3억 원을 벌어오고, 한 명은 평균이라서 연봉 5천만 원을 주면 1억 원을 벌어온다. 둘 다 데리고 가면 이익이 남질 않는다. 그렇다면 어떻게 해야 할까? 현실의 딜레마다. 그러나 이 현실의 딜레마를 과감히 해결하지 못하는 사람은 사장 소리를 들을 자격이 없다.

지금의 경제 전쟁에서는 선택 하나, 사소한 역량 하나가 승부를 결정지어 버리기도 한다. 마음은 아프지만 결정적인 순간에 윤리 때문에 흔들려서는 조국을 구하는 위대한 장군이 될 수가 없다. 조국을 구하는 것이나 가정을 구하는 것이나 그 본질은 비슷하다. 비록 마음이 아파 뒤에서 혼자 펑펑 울더라도, 그래야만 한다. 그래야만 더 나은 미래를 만들 수가 있고 그 결과 보다 더 많은 이들에게 행복과 안락을 안겨줄 수 있기 때문이다. 역사는 가슴 아프게도 그런 눈물겨운 결단을 한 사람들의 편이었다.

인생과 사업세계에 장밋빛만이 있는 것은 아니다. 때로는 눈물만으로도 도저히 감당할 수 없는 아픔과 괴로움에, 세상을 등지고 싶을 때도 온다. 특별한 사람들에게만 그런 순간이 오는 게 아니다. 갑작스레 현실의 무게가 견딜 수 없이 버거워, 모든 것을 놓아버리고 싶은 순간이 온다. 가정이나 회사의 지휘봉을 쥐고 있는 사람은 더 그렇다. 밥을 먹고 버스를 타는 것처럼, 사장이 되기 위해서 혹은 책임지는 위치에 있기 위해서 거칠 수밖에 없는 과정이라고 생각하는 편이 마음 편하다. 그것을 이겨내지 못하면 미래는 없다. 마음은 아프지만 참아내야 한다. 어떤 일이 있더라도 이겨내야만 한다고, 어떤 일이 있더라도 말이다. 그것이 인생이고, 비즈니스다. 항상 그런 것은 아니지만 그런 선택을 내려야만 할 때에는 마음은 아프지만 아픔을 참고 고뇌에 찬 선택을 해야만 한다.

법과 친구가 되어라

얼마 전, 한 후배 강사가 자신의 전셋집 때문에 골치가 아프다며 식사 자리에서 고민을 토로했다. 갑자기 건물주가 바뀌었다며 통보가 왔는데, 자기도 모르는 사이에 집주인이 집을 팔아버렸다는 것이다. 세입자 계약 사항은 새로운 구매자에게로 그대로 승계되었지만, 뭔지 모르게 찜찜하다는 것이었다.

"대법원 홈페이지 들어가서 등기부등본 떼어보소."

그런데 서른 중반을 넘긴 그는 '그게 먹는 거냐?' 하는 표정으로 멀뚱멀뚱 쳐다보기만 했다.

이제껏 등기부등본 한 번 안 떼어봤냐고 했더니, 늘 부동산 사무소에서 알아서 해주기에 관심이 없었다고 대답하는 것이다.

나는 직접 대법원 사이트를 연결해 주소와 지번을 물어 등본을 떼어주었다. 수수료 5백 원만 결제하면 채 1분도 안 걸리는 일이다. 등본 상으로 보니 새로운 건물주가 건물을 매입하면서 추가로 은행권에 근저당을 설정한 내용이 있었다. 건물 평가액에 비해 근저당 금액이 높아지면, 나중에 다른 전세 세입자가 잘 들어오려 하지 않아 전세금을 빼기 어려워질 수도 있기 때문에 곤란한 일을 겪을 수도 있다. 등본 상의 내용을 하나하나 짚어 설명해주었더니, '이런 걸 어찌 알 턱이 있느냐'면서 당연하다는 표정이다.

한두 푼도 아니고 1억 원이 넘는 금쪽같은 돈이 걸린 일인데, 어려운 법률 조항도 아니고 등기부등본 하나 뗄 줄 모르는 걸 당연하게 생각하는 건 문제가 있다. 나는 강사니까, 평범한 회사원이니까, 그 분야의 전문가가 아니니까, 내 생존권과 직접적으로 연결되는 중대한 문제를 몰라도 된다고 생각하는 건 너무나 안일한 생각이다. 하다못해 관련 책 한 권만 읽어도 충분히 해결되는 일이다. 몇 만 원어치 술 마시는 건 아까워하지 않으면서 만 원 남짓한 책 한권 사는 데는 주머니를 닫는다. 독서를 취미 운운하면서 안 해도 되는 걸로 취급하고 공부는 하지 않으면서, 남보다 손해 보고 살고 싶지 않다는 심보는 놀부 심보다.

부자들을 가만히 보면, 그들은 자신의 이득과 관련된 것을 악

착같이 알아내고 챙긴다. 늘 뒤통수 맞는 것은 서민이라고 하지만, 뒤통수를 안 맞도록 철저한 준비를 안 한 것은 우리 스스로의 잘못이다.

나도 할 말은 없다. 사업을 시작하면서 '법 따위는 남의 나라 이야기'라고 생각했던 게 고작 몇 년 전의 일이었다.

우리는 법치국가에서 살고 있다. 특히 사업을 하려면 법과 친구가 되지 않으면 안 된다. 내가 아무리 선량하고 불법의 의도가 없다 해도, 그리고 법으로 다툴 일이 없을 것 같아도, 법을 몰라선 절대 제대로 살아갈 수 없다. 대기업이 유명 로펌을 비싼 값에 고용하는 이유가 무엇인가? 그들의 지식과 경험과 노하우가 엄청난 금액의 손실과 직결되는 일을 예방해주거나 수습해줄 수 있기 때문이다. 어떤 경우에도 법에 무지하면 절대 성공할 수 없다.

나도 법에 관해서는 천치에 가까웠다. 강의실 안에 갇혀 새장 속 새 같던 나는 교과서 내용은 줄줄 외웠지만 정작 평범한 사람들도 알 만한 기본 상식에 해당하는 법 지식조차 없었다. 그런데도 공부해야겠다는 생각, 준비해야겠다는 생각을 못했다. 무식하면 용감하다고 학원 경영에서 가르치기만 잘 가르치면 됐지 뭐가 더 필요하냐는 것이었다.

일례로 학원 건물의 리모델링을 들 수 있다. 당시 건물은 임대를 하고 있었다. 전 학원장으로부터 학원을 인수한 나는 애초의 건물 임대차 계약서조차 꼼꼼히 들여다보지 않았다. 3억 원을 들여 리모델링을 했지만, 학원은 2년여 만에 경영난으로 문을 닫아야 했다. 경영에 쏟아 부은 손실금만 해도 엄청난데, 건물에서 철수하면서 나는 건물주로부터 청천벽력 같은 소리를 들었다. 인테리어를 '원상복구' 하고 나가라는 것이다.

대다수 건물의 임대차 계약서에는 '원상복구' 조항이 있다. 임대 기간 동안에는 임의로 방도 만들고 바닥이나 벽체도 수리할 수 있지만, 임대 기간이 끝나고 나면 원래대로 복구해놓아야 한다. 망한 마당에 복구비용으로 1억여 원의 돈을 또 들여야 했던 것이다.

또 한 번 크게 당할 뻔한 일이 또 있었다. 내가 운영하던 출판사 홈페이지에 입시 관련 기사를 게재하면서 신문기사를 전재해 올린 것이다. 통상적으로 공인된 신문기사니까 이 정도는 게재해도 무관하겠지 하고 안일하게 생각한 것이다. 그런데 신문기사에도 저작권이 있다. 특히 출판사처럼 상업적인 용도로 사용하는 경우에는 반드시 사전 허락을 받아야 한다. 서면으로 간략한 양식의 전재허가서를 만들어 미리 보내 허락을 구했으면 별 문제가 될 일은 아니었다.

그런데 기사를 게재한 지 3년 정도가 지나, 해당 신문사에서 전화가 왔다. 저작권법 위반은 형사소송 건이며 형사소송이 끝나도 다시 민사소송을 제기해 손해배상을 청구할 수 있다. 신문사는 귀사에서 저작권법을 위반하였으니 저작료로 3천6백만 원을 지불하라고 했다. 해당 신문기사를 통해 얻은 수익의 추정치가 그 정도 된다는 것이었다.

황당했지만 할 말은 없었다. 모두 내가 무지한 결과였다. 개인도 다른 사람의 고유 저작물을 인용하거나 배포, 전재할 때 주의해야 하지만, 사업을 하다보면 사소해 보이는 것 하나조차도 법에 저촉될 소지가 많다. 법에 저촉되는 행위로 인한 금전적 손실은 상상보다 크다.

그러므로 사업상 계약을 하거나 중대한 행동을 할 때는 반드시 해당 법조문이나 판례를 꼼꼼하게 살펴보아야 한다. 필요하다면 변리사, 변호사, 관련 기관에 문의를 해서 문제가 없는지 확실하게 알아봐야 한다.

나는 사업에서 어떤 일을 하던 간에 그렇게 하지 않았다. 당시 경영난을 겪고 있었던 나는 상업적 의도가 아닌 단순 실수였다고 사죄하면서, 재무제표를 보여주고 배상비용을 내기 힘든 사정을 호소했다. 받을 게 없다고 판단한 그들은 소訴를 제기하지 않았다. 신문사로서 그런 유형의 사건이 많은데, 빚만 많고 변제 능력이 없는 내게 소를 제기해봐야 얻을 게 없다고 판단한 것이다. 하지만 사업이 잘되고 있었고 내게 돈이 있었다면, 3천6백만 원까지는 아니더라도 얼마간의 아까운 생돈을 지불해야 했을 것이다.

법치국가에 살고 있으면서도 법률지식이 중요하다는 것을 인지하지 못하고 사는 이들이 많다. 스스로를 '법 없이도 살 사람'이라고 생각하기 때문이다. 하지만 언제, 누구와의 관계에 의해 법에 의지해야 할 때가 올지도 모른다.

사업을 하려면 법에 대해서 친구가 되어야 한다. 그리고 어떤 일을 벌이기 전에는 관련 법조문이나 판례를 보는 것을 습관화해야 한다. 때로는 조금 과도하다 할 정도로 법이나 규정, 조례 등을 꼼꼼히 살펴보는 태도를 가질 필요가 있다. 모든 것은 무지하기 때문에 피해를 보는 것이다. '아는 게 힘'이라는 말이 바로 이런 경우에 해당한다.

실무에 능통하라

　내가 혹독하게 치른 실패도 경험이라고, 창업을 하려는 이들이 간혹 나를 찾아와 상담을 청할 때가 있다. 그럴 때마다 내가 꺼내는 첫마디는, 웬만하면 하지 말라고 한다. 직장을 잘 다니고 있는 사람이라면 더욱 그렇다. 조금 더 경험을 쌓고 역량을 만들어 도전해도 늦지 않고, 창업을 하려고 결심을 했다면 이전의 직원 관점과는 달리 사장의 관점에서 더 깊고 다양한 고민을 하고 찬찬히 계획을 세운 다음 시작하는 것이 현명하기 때문이다. 직장에 다니는 것은 사실상 돈 받아가며 배우는 좋은 기회다. 직장 다닐 때는 모르지만, 직장을 그만두고 직접 사장이 돼보면 뼛속 깊이 실감하는 현실이다.

물론 너무 앞뒤 재고 고민하느라 타이밍을 놓치는 일도 없어야 한다. 적절한 타이밍에 현실적인 아이템으로 창업을 하겠다는 사람에게는 두 가지를 묻는다. 첫째는 실무를 직접 하느냐 아니면 직원을 고용해 해당 업무를 시킬 것이냐? 둘째는 경영에 필요한 실제 노하우를 알고 있느냐?

한마디로 창업해서 성공하려면 자기 분야에서 일가를 이룬 최고의 전문가든지, 아니면 재무와 회사운영 전반에 대한 경험과 지식이 풍부한 전문 경영인이든지 두 가지 요건 중 하나가 충족돼야 한다. 그러나 양쪽을 어느 정도 알고 있는 것이 가장 이상적이라고 생각한다. 전문가지만 경영자로서의 경험과 소양이 부족하면 주먹구구식으로 경영하다 큰 난관을 만날 수 있고, 전문 경영인이지만 실무를 모르면 업무를 제대로 지시하고 감독할 수 없어 실무자의 손아귀에 놀아나기 쉽기 때문이다.

연예인과 많은 젊은이들이 인터넷 쇼핑몰 대박 신화가 소개되면서, 너도 나도 인터넷 쇼핑몰 창업에 나서고 있다. 인력이 많이 필요하지 않고 무엇보다 손쉬워 보인다는 이유다. 그러나 정작 인터넷 쇼핑몰에서 성공하는 사람들은 대부분 기존의 동대문 시장의 메커니즘에 익숙한 사람들이다. 즉 직접 디자인하거나 견본을 떠다가 공장에 주문을 하고 그 상품을 판매하는 방법에 능통한 이들이 인터넷으로 갈아탄 경우였다. 옷을 좋아한다는 이유로 어설프게 동대문시장에서 물건 떼다가 적당히 코디네이션 해서 파는 사람들은 백발백중 원가 경쟁에서 패하기 때문에 쉽게 성공하기 힘들다. 재무나 경영 쪽에 경험이 없으면 수요에 비해 지나치게 많은 인력을 고용한다든지 원가 관리를 잘못해 팔면서도 밑지는 장사를 할 수밖에 없다. 인터넷이라는 빠르고 간편한 매체를 이용하니 쉬울 것 같지만, 결국 인터넷 쇼핑몰 경영의 본질은 '원가 관리', '마케팅과 홍보', '인력과 스케줄 관리' 등 일반 기업의 운영 방식과 다를 바가 없는 것이다.

창업을 하거나 자영업 등, 자기 사업을 구상하는 이들이 알아야 할 경영에 대한 실무 지식 중 대표적인 것을 꼽자면, '회계'와 '설비'라고 생각한다.

첫째, 회계 지식은 반드시 있어야 한다.

최소한 재무제표 등은 확실하게 볼 수 있어야 한다. 어렵지도 않다. 책 한두 권 정도만 꼼꼼히 읽으면 된다. 재무제표를 정확히 보면 '숫자 경영'이 가능하다. 쉽게 말해 현재 어디에 어느 정도의 비용이 지출되고 있다는 것을 한눈에 알 수 있게 된다. 따라서 비용 지출을 합리적으로 할 수 있게 된다. 즉 가장 중요한 부분에 집중적인 투자를 하고, 그렇지 않은 부분에서는 비용 투자를 줄이는 것이다. 결국 성과와 효율에 초점을 둔 경영이 가능해지는 것이다.

무엇보다 해당 실무 직원이 비리를 저지르거나 해이하게 업무 처리 하는 걸 막을 수 있다. 잘못된 부분을 날카롭게 지적하면, 담당 직원도 사장을 허투루 보지 않게 된다. 직원은 알고 나는 모르면, 갑과 을의 입장이 바뀌게 되고 직원이 보고하는 대로 믿어야 된다. 최악의 경우 직원이 돈을 횡령해도 알 수가 없다. 더구나 사업 초기에는 모든 비용을 아껴야 하므로, 내가 지식을 갖고 직원에게 가르쳐줌으로써 값비싼 지식을 가진 노련한 직원을 비싼 돈에 채용하는 대신, 조금 더 적은 임금의 직원에게 '배우고 있다'는 보람을 느끼게 하며 일을 시킬 수 있다.

기본적인 회계지식이 쌓이면, 잘하는 회사의 재무제표를 들여다보며 우리 것과 비교해야 한다. 비슷한 규모의 잘하는 회사, 비슷한 규모의 못하는 회사, 더 큰 규모의 잘하는 회사, 더 큰 규모의 못하는 회사 등을 샘플링 해서 비교해봄으로써 현재와 미래의 경영 지표를 동시에 설계할 수 있다. 금융감독원 기업공시 홈페이지에 들어가면, 각종 법인의 공시자료들을 공짜로 볼 수 있다.

나 역시 실패한 후에야 절실히 회계지식의 필요성을 깨달았다.

두세 권, 아니 한 권의 책만 봤어도 될 일이었다. 지식이 없으니 숫자 경영은 불가능했고, 모든 일을 감에 의존해 의사결정을 했다. 신문광고비, 리모델링비, 브랜드비 등등이 어디에 얼마나 지출되는지도 몰랐다. 손익계산도 못하는데 현금 흐름, 이른바 캐시플로를 관리할 수 있을 리 만무했다. '돈이 많이 있다'는 생각과 '수강생들이 많이 올 것이다'라는 낭만적인 생각으로, 미래 대비는 눈곱만큼도 생각하지 않았다. 당연히 회계 직원이 제대로 자금 관리를 하고 있는지 감시하거나 확인할 수도 없었다. 다행히 회계 직원이 청렴한 사람이었기에 망정이지, 그마저 나를 배신했다면 창업 2년이 지나 망하기 훨씬 전에 회사 재정은 구멍이 나 있었을 것이다.

둘째, 설비 혹은 장비에 대한 지식 역시 필수적이다.

나는 학원을 인수한 후 건물 리모델링 공사를 했다. 거기에 무려 3억 원을 썼다. 공사는 학원 간부의 아버지가 맡고 감독은 그 간부가 했다. 그런데 이것이 한마디로 고양이에게 생선을 맡겨둔 격이었다. 특히 그 직원은 윤리의식이 엉망이라는 게 곧 밝혀졌기 때문이다.

공사에 대해 잘 모르니 내가 할 수 있는 말은 '좀 싸게 잘 부탁드린다'였다. 하지만 내가 그런 일이 돌아가는 기본 원리를 알았다면 사정은 달라졌을 것이다. 믿을 만한 사람을 동원해 필요한 자재의 원가를 조사하면 대략적인 금액 정도는 금세 알 수 있다. 하다못해 전문인테리어 업자에게 의뢰해 비교견적이라도 받아 예산 규모에 대한 판단이라도 했어야 했다.

지금에야 알게 된 사실이지만, 내가 재료를 사다주고 사람을 도급제로 썼다면 절반 정도는 비용을 절약할 수 있었다. 해당 업무에 대한 지식이 있느냐 없느냐에 따라서 엄청난 돈이 왔다 갔다 하는 것이다. 무지한 상태로 일을 의뢰하면 상대방의 지식까지 내 돈으로 사야 하지만, 내가 아는 상태로 일을 의뢰하면 상대방의 경험과 숙련도만 사면된다. 특히 돈이 많이 들어가는 사업 초기에는 상대의 지식까지 살 여유가 없다. 그러니 뭐든 발로 뛰어 직접 알아보고 챙겨야 한다.

장비를 사거나 하다못해 사무실에서 쓸 컴퓨터 한 대를 사도 마찬가지다. 어떤 이들은 인터넷만 믿고 '최저가'를 검색해 싼값에 샀다고 좋아한다. 그런데 인터넷으로 나가는 제품, 직영 매장으로 나가는 제품, 대형마트로 나가는 제품은 모두 품질이 제각기 다르다. 매장에서 흥정만 잘하면 좋은 제품을 싸게 살 수도 있고 전시상품 등을 아주 헐값에 살 수도 있다. 그런 경험을 두루 쌓아야, 남이 말하는 곧이곧대로 믿고 행동하는 우를 범하지 않을 수 있다.

시간은 돈이다

많은 사람들이 왜 시간 관리를 철저히 할까? 시간을 관리하는 책이 잘 팔리고, 업무를 효율적으로 관리해주는 각종 온라인 교육 강좌를 수강할까? 그런 것은 별로 필요 없다고 생각한다면, 반성할 필요가 있다. 시간 관리나 업무 효율이 직원들이나 공부해야 하는 영역이라고 생각하는 임원이 있다면, 그 역시 반성해야 한다. 시간이 돈이라는 말은 진실이다. 업무의 본질에 집중할 수 있는 시간을 만들려면 전체 시간에 대한 안배가 무엇보다 중요하다. 그중에서도 아침 시간의 안배는 절대적으로 중요하다. 아침 시간 30분이 하루 업무를 결정한다고 해도 과언이 아니다. 오늘 해야 할 일과 중요한 일을 결정하는 것도 그 시간에 해야 한다. 특히 기업체의 사장이라면 직원들에게 그날 집중해야 할 과제를 주는 것도 그 시간에 해야 한다. 그렇게 틀을 잡아주어야 하루가 누수 없이 흘러간다.

업무를 주고 난 후 그 결과를 가지고 질책하는 상사는 무능한 사람이다. 업무를 하는 중간에 진척사항을 체크해야 한다. 해당 직원의 장단점을 알고 있다면, 어느 부분에서 막힐지 예측해야 한다. 그래서 "자네, 여기서 막혔지? 이건 이렇게 풀어 가면 돼." 하고 가이드를 해주어야 한다. 또 시간이 무한정 주어져도 절대 해낼 수 없는 일도 있다. 아직 능력이 부족하고 경험이 부족해서 그렇다. 그럴 때는 실패할 때까지 그냥 놔두지 말고, 해당 부분을 더 경험 있는 사람에게 넘기게 해서 해결해주어야 한다. 전체적으로 '일이 되게 하는 것'이 목적이지, 직원 각각을 테스트하는 게 일의 목적이 아니기 때문이다. '저거 저 자식, 못 풀 텐데' 하면서 실패한 결과물을 가져오기를 기다리는 상사는 무능한 사람이다.

직원 개인도 마찬가지다. 가끔 풀리지 않는 문제를 모니터에 띄워두고 무한정 요즘 말로 '멍 때리는' 사람이 있다. 고민을 오래 묵히면 똥밖에 안 된다. 막히면 다른 일로 빨리 넘어가야 한다. 나중에 처리해도 되는 단순 업무를 미리 하거나 밖에 나가서 맨손 체조라도 한 번 하고 오는 게 낫다. 그러는 사이, 뇌의 무의식을 담당하는 영역이 해당 고민을 열심히 풀어간다. 시간이 흐르고 다시 그 어려운 업무를 들여다보면 쉽게 풀리는 경우가 의외로 많다.

업무를 할 때는 가장 효율이 높은 부분, 즉 그걸 당기면 다른 여러 것들이 따라오는 일이 무엇인지 생각하는 게 먼저다. 예를 들면 나 같은 경우는 교재를 쓸 때는 가장 중요한 핵심 부분부터 쓰고 제목을 붙인다. 그런 다음 본문의 필요한 부분은 나중에 채워 넣으면 된다. 그런데 서론부터 시작해 써내려가다 보면, 나중에 정작 중요한 핵심 내용이 바뀌거나 제목이 바뀌면 다시 써야 하는 경우가 생긴다. 책을 읽을 때는 내게 가장 필요한 목차를 찾아 그 부분부터 읽는다. 당장 실무에 필요해서 읽는 책은 그렇게 급한 것부터 해결한 다음 나중에 시간이 나면 나머지 부분을 찬찬히 읽는다.

여럿이 일하는 회사에서는 서로 소통할 때 상대방의 시간을 절약해줄 수 있도록 업무의 룰을 정하는 것도 필요하다. 나는 개인적으로 '000입니다'라는 제목으로 오는 이메일을 정말로 싫어한다. 일 때문에 수십 번 메일을 주고받아야 하는데 그때마다 제목이 OOO입니다. 너무 바빠서 메일을 일일이 열어볼 시간이 없을 때는 제목만 보고도 대충 급한 메일인지 아닌지를 판단할 수 있어야 한다. 더구나 기록하고 스크랩하기를 좋아하는 나는 업무상 주고받은 이메일을 전부 보관해둔다. 나중에 문제가 됐을 때 이메일은 중요한 증거자료가 되기 때문이다. 사업을 하면서 생긴 습관이기도 하다. 그런데 아웃룩 메일함에서 끌어와 보관할 때마다, 메일 제목이 중복돼 매번 바꿔줘야 한다. 수십 통의 보관된 메일 중에 어느 것이 어떤 내용인지 도무지 알 수가 없다.

외국 사람들은 이메일을 쓸 때 from 000 re 000라고 제목에 명기한다. from은 누가 보냈으며, re는 어떤 주제인지를 의미한다. 이렇게 해두면 메일 제목만 봐도 대략 어떤 내용인지 유추할 수 있다. 효율을 위해 서로 간의 약속이 철저한 이들이기 때문이다.

파일명을 붙일 때도 작성한 날짜— 파일내용— 작성자 순으로 파일명을 붙여 넣으면 보관하거나 관리할 때도 편리하고 다른 이에게 첨부해 보냈을 때도 금세 무슨 파일인지 알 수 있다. 컴퓨터 폴더는 주제별로 정리하되, '처리한 일', '처리 중인 일', '처리할 일' 식으로 구분해두면 파일을 찾아 헤맬 필요가 없다. 사람들이 하루 업무 중 2시간 정도를 무언가를 찾는 데 허비한다고 한다. 그런 단순한 시간만 없애도 일처리 하는 데 들이는 시간을 줄일 수 있고, 나머지는 훨씬 더 생산적이고 본질적인 일에 투입할 수 있다.

결재 보고에는 시간을 많이 들이면 안 된다. 또한 문서를 보기 좋게 만드는 데 시간을 들이면 안 된다. 그리고 직원과의 사소한 농담을 주고받는 데 5분 이상의 시간을 소요하면 안 된다. 직원이 개인 홈페이지나 홈쇼핑을 하는 데 시간을 보내면 안 된다. 같은 말이 반복되기 시작하면 회의는 끝내야 한다. 단순명료하게 그러나 깊이 있게 시간의 압박감을 가진 채 해야 한다. 난상토론과 브레인스토밍brainstorming이 필요한 회의가 아니라면, 시간을 정해두고 회의를 하는 게 바람직하다. 하버드 대학교 출판부 역사상 최고의 베스트셀러를 낸 주인공인 리차드 라이트Richard J.Light 교수가 하버드 재학생을 대상으로 15년간 1천6백 명과 일대일 면담을 하고 집필한 책인 『Making the Most of College』에 의하면, '성공하는 학생들과 부진한 학생들 간의 차이는 바로 시간관리'라고 한다.

그렇게 멀리까지 갈 필요도 없다. 내가 즐겨보는 TV 프로그램 '생활의 달인'을 보면, 효율적으로 일을 해내기 위해 기발한 방법까지 동원하는 우리 주변 평범한 소시민들이 등장한다. 그들은 혼자서 두세 명의 일을 해낸다. 결국 자기가 하는 일에 애정이 있고 관심이 많기 때문이다. 그런 창의적인 생각과 업무의 효율성을 추구하는 사람이 많아야 회사도 성공할 수 있다.

2장

은혜는 쉽게 잊히고 원한은 뼈에 사무친다

공부해야 한다
사람의 마음을 공부해야 하고
역사를 공부해야 한다
그 이유는 우리가 미처 체험하지 못한
인간의 비정한 본능과 모략의
모든 변주가 그 안에 있기 때문이다

시기와 질투를 극복하면 성공한다

　나는 기본적으로 '사람은 선하다'고 믿는 편이다. 조건과 주변 상황이 충족됐을 때, 사람은 선하게 행동한다. 그렇게 하지 말아야 할 이유가 없기 때문이다. 그러나 조건과 상황이 열악할 때의 경우는 조금 다르다. 대다수의 사람들은 그런 경우에도 선하게 행동하려고 노력하지만 계속해서 어려운 상황에 처하게 되면 '본능'이라는 게 발동한다. 많은 심리학자들이 지적하듯, 이 본능이라는 것은 인간의 영역이라기보다는 동물의 영역에 해당하는 감정 상태다. 합리적인 판단이나 행동보다는 '생존'이나 '번식'의 욕망이 앞선다. 그래서 조심해야 한다.

사업에서 성공하려면 이러한 사람의 본성本性을 잘 알아야 한다는 걸 나는 뒤늦게 깨달았다. 특히 사람의 악한 부분을 정확히 꿰뚫고 있어야 한다. 선한 부분은 선하기 때문에 문제가 안 된다. 그러나 악한 부분은 단 하나의 악함으로도 치명적인 문제를 야기할 수 있다. 선보다 악이 비중 상으로 더 크기 때문이 아니라, 선보다 악이 더 치명적이기 때문에 악惡을 철저하게 대비해야 한다.

비교적 젊은 나이에 학원 강사로 크게 성공을 하자, 동료 강사들은 나를 시기하고 질투했다. 일반적으로 성공을 하려면 '잘하는 사람이 왜 잘하는지' 보고 배워야 될 텐데, 대부분의 사람들은 그렇게 하지 않는다. 오히려 뒤에서 험담을 하고 깎아내리려고 한다. 자신들이 속한 평균의 대열로 승자를 끌어내려야 마음이 편하기 때문이다.

한번은 교무실에서 동료 선생들이 다 들으라는 듯, 큰소리로 나의 성공에 대해 시비를 걸어온 강사도 있었다. 내가 그 자리에 없었던 것도 아니고, 버젓이 내 책상에 앉아 있는데 뒤통수로 험담이 날아온 것이었다. 하도 어이가 없어 나 역시 맞받아치면서 큰소리를 질렀다. 다혈질인 성격 탓에 그런 일을 참고 넘기지 못했던 것이다. 그 선생이 사과를 하면서 사태는 일단락이 되었지만, 이후에도 내가 없을 때 뒤에서 시기와 질투, 나아가 비난까지 일삼는 이들이 많았다. 다들 자신은 그렇게 되지 못한 걸 배 아파 하는 것 같았다. 그들에게 험담은 일종의 카타르시스이기도 했던 것 같다.

요즘처럼 인터넷이 대중화된 시대에는 소위 '악플'이라는 형태로 이런 험담이 판을 친다. 칭찬은 위력이 약해서 감정적으로든 정서적으로든 크게 영향을 미치지 않지만, 험담이 미치는 영향력은 대단하다. 처음엔 분노하다가 설득해보기도 하고 어이없어 하다가 어느새 자신도 모르게 영향을 받게 된다. '내가 이런 소리 들으려고 힘들게 노력했나?' 하는 생각에 우울감이 들기도 하고, 내 진의를 몰라주는 사람들의 공세에 섭섭함을 느끼며, 감정의 심한 상처를 받게 된다.

어느 분야에서든 성공을 하게 되면, 칭찬을 기대하기 전에 당연히 질투와 시기가 따라올 것이라는 각오를 해야 한다. 거꾸로 질투와 시기가 내 귀에까지 들려온다면, 내가 그 분야에서 정상을 달리기 시작했다는 바로미터이기도 하니 기뻐할 일이다.

이런 일은 피할 수가 없다. 그게 인간의 본성이기 때문이다. 나와 월등히 다른 상대, 내가 현실에서 아무리 발버둥을 쳐도 도저히 따라잡을 수 없는 상대에게 유일하게 대처할 수 있는 방법은

'상대의 공적功績을 폄하하는 것'뿐이다. 물론 이유 없는 시기와 질투로 비난을 퍼붓는 상대에게 무조건 동조해줄 필요는 없다. 상대의 비난이 잘못된 것이라면, 분명하고 타당하게 그것을 지적해야 한다. 그러나 질투하고 시기하고 비난하는 사람들일수록 논리는 통하지 않는다. 그들의 상태가 '동물의 감정상태'와 비슷하기 때문이다. 나중에 시간이 지나면 스스로 깨닫게 되는 날이 올지는 몰라도, 그 당시에는 아무리 논리적으로 설명해도 설득되지 않는다.

애초부터 말이 통하지 않는 상대는 철저하게 무시하는 게 상책이다. 무엇보다 상대의 의견에 일희일비하거나 끌려가면서 눈치를 살펴서는 안 된다. 그들이 원하는 게 바로 그것이다.

사람들은 일반적으로 최고의 실력자를 파멸시키고 싶어 한다. 그것은 그들도 자기들과 다를 바가 없다는 걸 알고 안도하고 싶어 하기 때문이다. 원대한 꿈을 향해 점점 더 자신의 가능성의 영역을 넓혀가는 사람에게는 '이것도 저것도 놓치지 않으려 하는 욕심쟁이'라 한다. 잠자는 시간을 줄여가며 연습에만 매진해 전문성을 키워가는 사람에게는 '세상물정 모르는 근시안'이라고 험담한다. 어차피 이래도 욕을 먹게 돼 있고 저래도 욕을 먹게 돼 있다.

원래 스케일이 작은 사람들은 '크게' 생각하는 사람들을 질투하고 싫어하게 되어 있다. 그러므로 소인배들의 잘못된 의견에 흔들려서는 안 된다. 위대한 인물들의 특징은 적이 많다는 것이고 주위에서 어떤 말을 하더라도 흔들리지 않았다는 것이다. 그들은 묵묵히 자신이 가야 할 길을 대담하게 걸어갔다. 그 결과 더 큰 성과를 냈고 더 높은 지위에 오르게 되었다. 그러므로 하찮은 사람들이 말하는 소리에 귀 기울이지 말고 자신의 목표를 향해 자신감 있게 걸어가야만 한다.

　시기와 질투를 일삼는 자들은 대개 패배자들이다. 승리한자들은 솔직히 험담을 할 시간조차 없다. 쉼 없이 자기계발에 몰두하기 때문이다. 일확천금을 꿈꾸며 로또 복권을 사는 데 중독되어 있는 사람들은 대개 패배자다. 자기 분야의 일을 해나가기에도 분주한 사람은 토요일 8시가 로또 구입 마감시간이라는 것 따위도 잊고 산다. 유명인들의 동정을 읽느라 하루의 대부분을 허비하며 허접쓰레기 같은 댓글이나 달고 있는 자들이 승리자가 될 리는 만무하다.

　승리자가 되려면 열심히 해서 성공에 이르는 동안이나 이루고 난 후에도 시기와 질투를 받는 것을 당연하게 여겨야 한다. 그것이 인간의 본성이기 때문이다. 패배자는 승리자가 왜 성공을 했는지 배우려 하는 대신 험담에 몰두 한다. 그것이 인간의 본성이기 때문이다.

사람은 믿고 맹세는 믿지 않는다

부끄러운 이야기지만 우직하고 끈기 있게 사람을 만나는 내 인간관계 습관 때문인지, 의도하지 않게 상대에게 인간적인 감동을 선사한 적이 꽤 있었다. 심지어 내 앞에 무릎을 꿇고 눈물을 흘리며 연신 '감사하다'고 말한 사람도 있었다.

그런데 회사를 경영하고 실패를 겪으면서, 나는 지나친 긍정이든 지나친 부정이든, 과도하게 자신의 감정을 표현하는 사람일수록 별로 신뢰할 게 못 된다는 사실을 깨달았다. 입의 혀처럼 굴며, '당신 없이는 못 산다', '당신처럼 대단한 사람은 처음 보았다', '정말 감동 받았다'고 하는 사람일수록 반대로 돌아섰을 때 더 혹독하게 나를 배신하고 비난했다.

인간이 인간에게 감동을 주고, 서로가 관계를 맺어가며 깊이 있는 교감을 나누었느냐 하는 것은 활활 타오르는 불꽃보다는 타고 남은 재를 보면 안다. 인간적인 열광과 순간의 감흥은 별로 오래가지 않는다. 그 순간이 지나고 나면 사람들은 주판알을 튕기고 지나간 시간을 복기하면서, 슬슬 본래의 감정으로 돌아오기 시작한다. 그때 앞으로 자기에게 돌아올 이익을 꼼꼼하게 살피기도 하고, 저 사람과의 관계를 유지하는 게 필요한지 앞뒤를 재기 시작한다.

간사한 사람은 달면 삼키고 쓰면 뱉는다. 어제의 열광하던 팬이 오늘의 안티가 되는 것이다. 그러나 상대가 진중하고 크고 넓게 보는 사람이라면, 더 길고 장기적인 시야에서 바라보며 관계를 지속해나갈 것이다.

연봉을 많이 주다가 나중에 그걸 줄이면 어떤 직원도 용인하지 않는다. 물론 신뢰와 끈기가 있는 사람은 얼마간 참아줄 것이다. 하지만 상황이 더 나빠지면 그마저도 기다려줄 수 없는 때가 온다. 그러므로 임금 및 복지를 확대할 때는 그 속도를 조금 보수적으로, 즉 한 번 올라가면 다시 내리긴 힘들다는 걸 꼭 염두에 두고 시행할 필요가 있다.

내 경우는 그 강도가 좀 더 심했다. 단 것만 삼키려 하고 내 옆에서 '최고'라며 엄지손가락을 치켜들던 사람만 뽑았기 때문이다. 그들이 모두 내 인간성 하나 믿고 나와 같은 배를 탄 이들이라고 철석같이 믿었다. 그것은 인간에 대한 몰이해이기도 했지만 나 자신에 대한 몰이해이기도 했다. 난 그렇게 대단한 사람이 아니었다. 그들이 나를 추켜세운 건 내가 그들에게 무조건 퍼주고 잘해주었기 때문이었다. 나는 그걸 몰랐다.

사업이 기울면서 그들에게 줄 달콤한 대가가 줄어들자 그들은 미련 없이 나를 떠났다. 아니, 더 솔직히 말하면 입에 담기에도 간지러울 정도로 온갖 아부를 떨다가, 나중에 떠날 땐 욕을 하며 저주를 퍼부었다. 그런 모습을 처음 본 나는 인간적인 수치심과 모멸감에 치를 떨었다.

다음은 사마천의 불멸의 저서 『사기』에 나오는 대목이다.

맹상군 : 이 몸이 늘 빈객을 좋아하여 손님을 대우하는 일에 실수가 없었으며, 때문에 식객이 3천여 명에 이르렀던 것은 선생이 잘 아시는 바요. 그런데 내가 한 번 파면되자 빈객들은 나를 저버리고 모두 떠나버리고 돌보는 자 하나 없었습니다. 이제 선생의 힘을 빌려 지위를 회복했는데, 빈객들이 무슨 면목으로 나를 다시 볼 수 있단 말이오? 만약 나를 다시 보려는 자가 있다면 내가 그자의 낯에 침을 뱉어 욕보이고 말겠소이다.

풍환 : 대체로 세상의 일과 사물에는 반드시 그렇게 되는 것과 본래부터 그런 것이 있다는 것을 아십니까?

맹상군 : 이 몸이 어리석어 무슨 말씀인지 잘 모르겠소.

풍환 : 살아 있는 것은 언젠가 죽는다는 것은 사물의 필연적인 이치입니다. 부귀할 때는 선비가 많이 모여들고, 가난하고 천하면 벗이 떠나는 것은 본래부터 일이 그러하기 때문입니다. 군께서는 아침에 저자로 몰려가는 사람들을 보지 못하셨습니까? 이른 아침에는 서로 어깨를 비벼가며 서로 먼저 가려고 다투어 문으로 들어갑니다. 그런데 해가 저문 뒤에는 팔을 휘휘 저으며 저자는 돌아보지도 않고 그냥 지나갑니다. 아침에는 좋았는데 저녁에는 싫어서가 아닙니다. 기대하는 물건이 거기에 없기 때문입니다. 지금 군께서 벼슬을 잃었기 때문에 손들이 다 떠난 것입니다. 이를 원망하여 빈객이 돌아오려는 길을 막아서는 안 됩니다. 군께서 빈객들을 전처럼 대우하기를 바랄 뿐입니다.

학원사업이 실패한 후 한동안은 고전들을 읽으며 와신상담의 세월을 보냈다. 그런데 선현들의 이야기와 글귀 하나하나가 마치 내 경험담을 담은 듯, 내 마음속을 파고들었다. 고전 속에는 숱한 자기계발서들이 존재했으며, 그중에도 사람관계에 대한 언질이 많았다. 아픈 연애를 한 사람이 드라마나 노랫말이 모두 내 얘기인 것처럼 느끼듯이, 나 역시 여러 구절들이 내 어리석음과 좁은 식견을 아프게 꼬집어주었다.

인간은 어떤 의미에서 철저하게 이익을 쫓는 존재다. '선하다 악하다, 내 편이다 네 편이다'를 떠나서 인간의 사고 안테나의 상당 부분이 궁극적으로는 '나 자신에게 유리한 것'을 포착하는 데 활용된다는 사실을 무시하거나 외면해서는 안 된다. 따라서 인간을 움직이기 위한 가장 실용적인 방책은 이익을 제공하는 것이고, 때로 이익이 제공되지 않으면 아무리 인간적인 정情이 쌓였다고 해도 떠날 수밖에 없게 된다.

『사기』의 풍환의 말처럼 '본래부터 일이 그러하기 때문'이다. 그러므로 인간은 믿되 맹세는 믿지 않는 지혜도 얻어야 한다. 사람은 이익을 쫓아가는 특징을 가졌기 때문에, 그로 인해 사람은 언제든지 변할 수가 있고, 그 이유로 사람은 언제든지 나에게 다시 돌아올 수도 있다. 맹세란 타고 남은 재처럼 덧없는 약속이 되어버릴 수도 있다.

물에 빠진 사람 구하면 보따리 달라 한다

사람은 야망이 있기 때문에 누구나 더 큰 꿈을 이루기를 원한다. 지금은 비록 직원으로 일하지만, 기회만 오면 언제든지 독립하려 한다. 지금은 단칸방 월세를 사는 월급쟁이 신세지만, 언젠가는 떵떵거리는 사업가가 되기를 꿈꾼다. 그리고 이것은 '노력'이라는 건전한 방법으로 표출되기도 하고, '배신'이라는 불건전한 방법으로 표출되기도 한다. 건전한 방법이라면 개인의 야망은 언제나 찬성이다. 그 사람이 커나가는 동안 회사도 그만큼 더 성장할 수 있고, 개인의 성장과 회사의 성장이 동반되는 이른바 '윈-윈'이 가능하기 때문이다. 그러나 후자의 경우는 그렇지 못하다. 후자는 다양한 형태로 표현이 된다.

몇 년 전 나이가 지긋한 변호사 한 분을 만날 일이 있었다. 그런데 이 분은 천생 양반이었다. 바둑을 즐기고 틈만 나면 책읽기를 좋아하는 그분은 내가 보기에도 상업적인 로펌 세계에는 어울리지 않는 인물이었다. 검사 출신으로 한때는 잘나가는 본인 이름의 변호사 사무실을 경영했지만, 지금은 중소 규모 로펌의 고문변호사 자리에 있으면서 이런저런 코칭만 해주고 있었다.

술이 몇 잔 들어가니 그분이 자신의 옛날이야기를 들려주었다. 변호사 사무실이 잘나가던 시절, 경력은 얼마 안 되지만 꽤 성실하고 유능한 사무장을 곁에 두었다고 한다. 거의 24시간 옆에서 보좌하는 것은 물론, 자질구레하게 처리해야 하는 골치 아픈 일들이나 까다로운 의뢰인의 불만을 해결하는 일까지 자기 일처럼 발 벗고 나서 해내던 믿음직한 직원이었다. 차츰 그에게 중요한 업무가 주어졌고 어느덧 사무실에서 2인자의 자리를 넘어 변호사보다 더 먼저 만나야 하는 중요한 인물로 부상된 것은 당연한 일이었다.

그가 사무실에서 일한 지 3년여도 안됐을 무렵, 집들이를 한다며 변호사를 포함한 직원들을 초대했다. 강남에 꽤 넓은 평수의 아파트를 장만한 사무장의 경사가 내 일처럼 반가워, 그 자리에서 같이 술을 마시고 노래하고 춤까지 추며 축하해주었다고 한다.

나중에야 알게 된 일이지만, 그가 그렇게 빠른 시일 내에 큰 평수의 아파트를 장만할 수 있었던 것은 수임료를 교묘히 빼돌리는 방식으로 직원들과 모략을 꾸몄기 때문이었다. 얼마 지나지 않아 사무장과 직원들이 그만두어 변호사 사무실은 문을 닫았고, 사람들은 '제 곳간에서 도둑질한 놈 집에 가서 춤까지 췄다'며 두고두고 변호사를 비웃었다는 것이다.

남의 이야기가 아니다. 처음 학원을 경영할 때, 명문대 출신의 강사를 간부로 채용했었다. 돈이 없는 학생들을 위해 무료 강의를 해주고 있다는 이유로 '양심이 있는 사람'이라고 판단했고, 명문대를 졸업했다는 이유로 '능력 있는 사람'으로 판단했다. 하지만 알고 보니 졸업장만 있을 뿐 객관적인 경영능력은 많이 부족했다. 한술 더 떠 양심도 없는 사람이었다.

나는 그가 요구하는 조건을 모두 들어주었다. 무료 강의를 하고 있으니 경제적으로 쪼들릴 거라 생각해 파격적인 대우까지 해줬다. 그러나 물에 빠진 사람 구해놓으니 보따리 달라고 한다고, 나중에 그는 내게 으름장을 놓으며 짐짓 협박을 하기까지 했다.

"학원은 내게 넘기고 당신은 강의에만 전념하세요. 그게 옳은 방법입니다."

나는 무능력한 경영자이니 자신이 학원을 경영해야 한다는 것이었다. 어이가 없었지만 그의 지적은 일견 옳은 말이었다. 그를 채용한 것이 경영자로서의 내 무능을 증명한 셈이다. 그는 이미 파벌까지 만들고 만반의 조치를 취해놓고 있었다. 정작 자신이 해야 할 일에는 무능했던 그가 그런 쪽에는 철저하게 유능했다. 철두철미한 전략 하에 배신이 진행되고 있었던 것이다.

더 이상 그와 함께 할 수 없다고 생각한 나는 그를 해고했다. 그는 자신의 시나리오대로 파벌을 형성한 이들을 일시에 데리고 나감으로써 학원 경영에 직격탄을 날렸다. 당장의 해결책도 막막했지만, 무엇보다 내가 받은 인간적인 상처는 이루 말을 다 할 수가 없다. 분노에 잠을 이루지 못했고 '사람을 믿었다는 것'이 그렇게 수치스러울 수가 없었다. 그러나 그것은 현실이었다.

마키아벨리는 『로마사 평론』에서 이렇게 말한다.

'사람이란 자신에 대한 다른 사람들의 신뢰와 헌신의 정도를 잘못 판단하기 쉽다. 체험을 통해서만 확인될 수가 있는데 음모의 경우 실제로 체험한다는 것은 극도로 위험하다.'

『군주론』에서는 또 이렇게 말하고 있다.

'무장을 든든하게 갖춘 사람이 아무런 무기도 없는 사람에게 자진해서 복종할 리가 없다. 또한 아무런 무기도 갖추지 못한 주인이 잘 무장된 하인들에게 둘러싸여 있을 때 안전할 리도 없다. 무기를 든 쪽은 무기가 없는 쪽을 경멸하고, 무기가 없는 쪽은 상대

방을 의심한다. 따라서 양쪽이 서로 잘 어울려서 일을 효과적으로 추진할 수가 없다.'

사람을 믿고 의지하되 완전히 믿고 의지해선 안 된다. 슬프고 야박한 현실이지만, 언제든 상대가 내게 등을 돌릴 수도 있다는 전제 하에 사람을 믿어야 한다. 제대로 사람을 믿으려면, 내가 지혜와 실력으로 무장하고 있어야 한다. 상대가 나를 두려워하고 불법이나 배신으로 나를 이길 수 없다고 여기도록, 제대로 실무를 알고 있어야 한다. 금융감독원이 있기에 은행이 제 맘대로 불법을 저지를 수 없고, 금융감독원을 감시하는 감사원이 서슬 퍼렇게 객관성을 유지하고 있어야 도덕적 해이가 예방된다.

나는 너를 믿으니 처음부터 끝까지 네 맘대로 하라는 것은 신뢰도 권한위임도 아니고 방임이다. 감시 카메라도 검수 프로세스도 없는 곳에서 1년 365일 하루 종일 현금을 다루도록 방치해둔다면, 거기서 한 장 슬쩍 하지 않을 사람은 거의 없다.

그러므로 자신의 권한을 다른 사람에게 고스란히 넘겨주어서는 안 된다. 나쁜 목적으로 악용할 위험이 있기 때문이다. 강물의 깊이를 잴 때 두 발을 다 사용하면 안 되듯이, 언제나 자신을 지킬 수 있는 것을 내 손아귀에 확보하고 있어야만 한다. 그래야만 어떤 일이 있더라도 살아남을 수 있기 때문이다.

세상을 절대 낭만적으로만 보면 안 된다. 최후의 국가 안전을 지키는 내부와 외부의 요소는 사람들이 악랄한 짓을 할 것이라는 예상 하에 만들어진 '법률'과 폭압적 요소를 힘으로 제압하는 '군대'다. 마찬가지로 개인의 최종적인 안전을 지키는 내부와 외부의 요소는 상대가 신뢰를 지키지 않을 것이라는 '합리적인 의심'과 실제 대결에서 힘으로 제압할 수 있는 '나의 실력'이라는 사실을 명심해야 한다.

역사적으로 보더라도 실패자들은 상대를 무조건 신뢰했고 자신을 지킬 수 있는 힘은 없었다는 공통점이 있다. 그 결과 그들은 상대에게 철저하게 배신을 당하고 비참한 최후를 맞이했다. 우리 모두 역사에서 배운 교훈을 망각하고 똑같은 전철을 답습하지 않으려면 합리적 의심과 객관적 실력을 갖추어야 한다. 그래야만 어딘가 도사리고 있을지 모를 배신의 늪에서 살아남을 수 있기 때문이다.

은혜는 쉽게 잊히고 원한은 뼈에 사무친다

나는 오지랖 넓게도 많은 학생들을 정기적으로 후원했다. 또 웬만하면 거절을 잘 못해서 많은 사람들에게 돈도 많이 빌려주었다. 학원을 경영할 때 직원들, 특히 급여를 덜 줘도 되는 사람들에게까지 될 수 있는 한 많이 주려고 노력했다.

그러나 그들 중에서 고마움을 표시하는 사람은 매우 드물었다. 후원을 받은 학생들의 경우 후원을 받을 때는 자주 전화나 편지를 하지만, 후원이 끊어지고 나면 연락이 없었다. 저마다 자신들이 잘되면 이 은혜를 잊지 않겠다고 했지만, 잊는 자가 대다수였다.

돈을 빌려간 이들도 마찬가지였다. 돈이 필요할 때는 온갖 사정을 다했지만, 빌려가고 난 이후에는 연락조차 되지 않는 이들이 허다했다. 지금까지 내가 받지 못한 돈은 원금만 1억 5천만 원이 넘는다.

특별히 더 챙겨준 직원들의 경우에도 고마움을 느끼는 일은 거의 없었다. 지명도가 없는 학원 강사를 데려다가 후하게 월급 줘가며 노하우를 일러주고 인기 강사로 키워줘도, 고맙다는 인사는 커녕 더 좋은 곳이 나타나면 어김없이 자리를 털고 떠났다.

부모가 자식에게 준 것을 효행으로 되갚기를 바라지 말아야 하듯, 여유 있는 사람이 그렇지 못한 사람에게, 회사가 개인에게, 선배가 후배에게 베푼 것이 되돌아오기를 바라는 것은 욕심이다. 다만 돕고 지원하고 가르치는 동안, 오히려 내가 더 기쁘고 배부르고 배울 수 있다는 데 감사하는 게 옳은 일인지 모른다. 그러나 해도 해도 너무 한다는 생각이 들었다. 더군다나 믿고 베풀었던 사람이 더 큰 배신으로 나를 공격했을 때는, 인간에 대한 믿음이 송두리째 뽑혀버리는 기분이었다.

애정을 갖고 대하던 간부 한 명이 있었다. 경영 경험이 거의 없던 그에게 연봉 5천만 원을 책정해주었고, 리모델링을 할 때에는 그의 아버지에게 공사를 맡기고 공사 대금으로 3억 원을 지불했다. 강의료도 별도로 챙겨주었다. 그렇게 해주니 내게 못할 이유가 없었다. 틈만 나면 낯간지러운 온갖 아부를 다 떨었다.

그러나 학원이 어려워지고 급기야 그의 연봉을 삭감하기에 이르자, 그는 안면을 바꿨다. 다른 간부 하나가 기울어져가는 배에서 탈출하듯 가장 먼저 이탈했을 때, 그의 창업 과정을 뒤에서 도와주며 탈출구를 만드는 일에 몰두했다. 내 학원에서 월급을 받으며 광고 데이터를 빼돌려 그쪽에 갖다 주고 마치 우리 학원의 분원인 것처럼 광고를 했다. 심지어 그 학원에 강의를 나가기도 했다. 어떤 경로를 통해 그 사실을 알게 된 나는 그에게 '다시는 그곳에 강의를 하러 가지 마라'고 지시했다. 그런다고 했지만 나중에 알아보니 몰래 계속 강의를 나가고 있었고, 교무실에서는 다른 강사들을 선동하고 있었다. 나중에 알고 보니, 학원 수강생 수백여 명과 강사들을 모두 데리고 경쟁학원으로 가려고 준비 중이었다. 결국 나는 눈물을 흘리며 그를 해고할 수밖에 없었다.

또 다른 경우도 있었다. 아마도 현업의 경영자가 이 대목까지 읽었다면, '웃기시네, 그런 일이야 나도 비일비재하게 겪었다'며 비웃는 분들도 있을 것이다. 하지만 굳은살이 박인 듯 아무렇지도 않기에는, 내가 그들에게 들인 공이 너무 컸다. 또 내가 너무 순진하기도 했다.

경력이 별로 없이 늦은 나이에 입사한 직원에게 간부 직책을 주었다. 가족이 아프다고 해서 병문안도 가고 나름대로 잘 대해주려고 최선을 다했다. 그런데 그는 정작 사내社內에서 권력을 두고 암투를 벌였다. 학원 강사들의 인사권을 제 맘대로 하고 싶어 자기 위의 간부를 몰아내려 한 것이다.

그는 내게 와서 당당하게 말했다. "그 사람을 내보내든지 나를 내보내든지 양자택일을 하세요!" 나는 회사에 더 큰 도움을 주는 사람을 택할 수밖에 없었다. 그러면서도 "가능하면 다 같이 잘 지내보자"며 그를 회유했다. 결국 그는 사표를 냈다. 사표가 수리된 후에도 문자로 몇 차례 악담과 저주 섞인 말을 했다. 주먹구구식으로 운영된 회사의 현실을 적나라하게 반영한 장면이었다.

제대로 고마움을 아는 사람들의 특징은 자기 자신에 대해서도 객관적으로 파악하고 있다는 점이다. 그래서 자기가 감당할 수 없는 일을 잘 저지르지도 않거니와 다른 사람들이 주겠다는 선심을 선뜻 받아들이지도 않는다. 이런 사람들일수록 세상에 공짜는 없고 하나를 받으면 하나 이상을 갚아야 한다는 것을 철저히 인식하고 있다. 그러므로 누군가에게 손을 벌리거나 분에 넘치는 대우를 받거나 자기가 하지도 않은 일로 떡고물을 얻어먹는 것을 불편해한다. 나는 그런 이들을 골라 뽑았어야 했다. 애초에 자기에게 어울리지도 않는 옷을 덥석 받아 입는 자들을 신뢰하지 말았어야 했다. 설령 눈이 어두워 그렇게 했더라면, 그들의 배은조차 그냥 달게 받아넘겼어야 했다.

일본전산의 사장 나가모리 시게노부는 신입사원을 뽑을 때, '연봉이 얼마나 되느냐?', '휴일에는 제대로 쉴 수 있느냐?'라고 묻는 사람은 뽑지 않는다고 한다. '내가 무얼 할 수 있느냐'보다 '상대가 내게 무엇을 해줄 것이냐'에 먼저 관심을 기울이는 사람이라면 볼 장 다 본 것이기 때문이다.

나 역시 그랬어야 했다. 자신의 실력에 겸손해하며 회사가 주는 것에 감사하고 함께 실력을 키워나갈 태세가 되어 있는 이들만을 중용했어야 했다. 그리고 그들과 함께 힘들고 어려운 상황을 헤쳐 나가고, 그들이 내게 보여준 은혜를 잊지 않는 그런 사장이 되었어야 했다.

안타까운 현실이지만 대부분의 사람들은 은혜에 대한 보은報恩은 쉽게 잊는다. 그러나 오히려 피해에 대한 보복報復은 쉽게 잊지 않는다.

로마의 역사가 타치투스도 '사람이란 은혜에 보답하는 것보다 자기가 받은 피해에 대해 보복하기를 더 좋아한다. 보은은 부담스럽지만 보복은 즐거움이기 때문이다'라고 말했다.

　사람에게 베풀 때는 대가를 바라고 베풀지 말아야 하며, 상대에게 피해를 주었다면 진심으로 사과를 해야 마땅하다. 은혜를 베풀어 '좋은 사람'이 되고자 하기 이전에 누군가에게 민폐가 되지 않도록 스스로를 잘 추슬러야 한다. 인간의 본성을 반추해보면, 사람에게 도움을 주는 것은 쉽지만 도움을 받기란 대단히 어렵기 때문이다.

일의 결과를 묻는 경영이 성공한다

백화점의 값비싼 제품 매장 혹은 고가 자동차 매장의 직원들이 손님을 다루는 방법을 보면, 이들이 대처하는 두 가지 부류의 사람이 있다. 하나는 '그 제품을 살 만한 능력이 전혀 없는 사람'이고 또 다른 하나는 '그 제품을 살 만한 능력이 어느 정도 되는 사람'이다. 능력도 되고 구매 의사도 강력한 사람은 친절하게 응대하기만 하면 된다. 하지만 앞의 두 부류의 사람들에게는 작전이 필요하다.

능력이 없는 사람을 끌어들이는 방법은 철저히 무시하는 것이다. '당신 같은 사람은 이 제품을 감당할 수 없다'는 뉘앙스를 세련되고 우회적으로 풍기기만 하면 상대는 곧잘 걸려든다. 자존심을 건드리는 것이다. 능력이 어느 정도 되는 사람을 끌어들이는 방법은 거꾸로 적절한 아첨이다. "정말 젊어 보이세요.", "사장님께는 그건 안 어울려요, 이 정도는 돼야 품격에 맞지요." 하고 상대의 기분을 살짝 들었다 놓는 것이다.

그러면 대개 십중팔구 어깨를 으쓱하며 "무슨 소리냐"고 손사래를 치지만, 기분이 좋아지면서 직원의 말에 귀를 기울인다.

사람들은 누구나 아첨을 경계해야 한다고 말한다. 특히 성공할수록, 높은 지위에 오를수록, 아첨과 아부는 경계 대상 1호다. 누구나 이 사실을 잘 안다. 하지만 정작 그 자리에 올라가고 나면, 이게 충언인지 아첨인지 분간하기가 힘들다. 듣기 좋은 말이어서 쉽게 넘어간다. 쉽게 들어 넘기다보면 익숙해진다. 익숙해지면 그게 사실처럼 느껴진다. 그럴수록 익숙한 아첨이 아닌 통렬한 비판은 점점 더 귀에 잘 들어오지 않는다.

마키아벨리는 일찍이 『군주론』에서 이렇게 말했다.

'지도자 주위에는 언제나 아첨꾼들이 득시글거리게 마련이다. 현명하지 못하거나 인재와 무능한 자를 구별할 줄 모르는 지도자는 아첨꾼들의 아첨에 속지 않을 수가 없다. 사람이란 원래 자화자찬하기를 좋아해서 사물을 올바르게 보지 못하기 때문에 아첨에 쉽게 속는다.'

노골적인 아첨도 있지만 위장된 아첨도 있다. 노골적인 아첨이란 듣기 좋은 말만 골라서 하는 것이다. '잘되고 있다', '잘하고 계시다', '사장님의 리더십 아래 모두 노력한 결과 여기까지 왔다'는 식의 상황과 여건을 호도하는 발언과 행위다. 칭찬과는 다르다. 그리고 위장된 아첨도 있다. 듣기 싫은 직언을 하는 듯한 말을 섞음으로써 교묘하게 아첨이 아닌 것처럼 들린다. 그러나 이를 분간하는 방법은 간단하다. 듣기 싫은 말의 실체를 자세히 분석해보면 실체가 없는 것, 비판이 아닌 것, 대안이 없는 것을 모호하게 적시한다는 점이다.

'식견이 대단하시다. 그런데 너무 꼼꼼한 게 탈이다.', '이 일은 사장님이 아니었다면 해낼 수 없었다. 심각한 워커홀릭이다.', '사장님이 발탁한 사람인데 이 정도밖에 못하다니, 책임지고 사직시켜야 한다.'

대놓고 칭찬하고, 잘못을 눈감아주며, 심지어 잘못 판단하고 대응한 것을 아랫사람에게 책임 전가하고 질책하는 행태는 모두 아첨이다. 아첨 자체가 문제가 될 것은 별로 없다. 듣기 좋은 말은 기분도 좋게 만들지만 문제는 이 아첨을 통해 무언가를 은폐하거나 동승하거나 위장하려 하는 데 있다. 그리고 대개 아첨은 이 용도로 쓰인다.

지금 생각해보면 나도 아첨에 심하게 놀아났다. 아첨의 도가니 한가운데서 그것이 나의 리더십의 결과물인 양 착각하며 무던히도 그걸 즐겼다. 지금 돌이켜보면 무엇이 아첨인지 제대로 분간하지 못했다. 인간적이고 격의 없이 직원을 대한다고만 생각했지, 그들이 나를 이용해 상황을 모면하고 있다고는 생각하지 못했다.

누군가가 듣기 좋은 말만 한다면 일단 경계를 해야 한다. 특히 교묘하게 듣기 싫은 말을 섞어가면서 전략적으로 말을 한다면 더더욱 그렇다. 나도 대화나 이메일을 통해서 아첨 섞인 말을 참 많이 들었다. 그리고 그에 편승해 고맙다는 말 한마디면 될 것을 엄청난 장문으로 된 답 글을 구구절절 늘어놓기도 했다. 결국 엄청난 시간낭비였다. 그리고 그런 직원들의 공통점은 하나같이 일로 승부를 하려는 것이 아니라 아첨으로 승부를 한다는 점이었다.

그들은 대개 일에 있어서는 성과가 거의 없었고 오히려 회사에 폐를 끼치는 수준이었다. 그러나 그들의 입과 글에서는 '눈물을 머금고 뛰겠다. 희생을 하겠다. 우리가 하나로 뭉치면 길을 만들 수 있다'는 등등의 표현이 거침없이 쏟아져 나왔다. 그러나 말뿐이었고 뼈를 깎는 쇄신도 자발적인 희생도 없었다.

'15명이 아첨할 때는 최소한 14명은 거짓말이다'는 격언이 있다. 경영자라면 아첨에 놀아나기 쉬운 인간의 본성을 버리고 일의 성과와 결과로 묻는 경영을 해야만 한다. 즉 직원에게 좋은 말을 할 시간에 일을 더하고 그런 말은 마음 속 깊이 담아두고 묵묵히 실천을 해서 결과로 표현을 하면 된다고 선언해야 하는 것이다. 물론 직원의 진언眞言을 귀담아 듣지 않거나 혹은 말을 못하게 해야 한다는 뜻은 전혀 아니다. 중용이 필요하나 에너지의 투입 비율은 일에 80% 이상 두어야 한다. 성공을 하려면 전략적으로 포장된 '아첨'에 놀아나지 말고 '결과'를 묻는 경영을 해야만 한다.

정당한 방법으로 객관적인 평가를 하라

내 실력만 좋으면 되지, 사람들이 나를 이용해먹을 수도 있다는 생각은 괜한 걱정이라고 생각했다. 하지만 실제 비즈니스의 첨예한 현장으로 들어가면 이것이 얼마나 순진한 생각인지 금방 깨닫게 된다.

저축은행이 정치자금이나 불법대출로 잔고를 탕진해 부실이 쌓여가는 동안 무슨 사정인지 제대로 사태 파악도 못한 채 팔짱 끼고 있다가, 나중에 영업 정지 되고 나면 그제야 울고불고 '내 돈 내놓으라'고 밤 새워가며 그 앞에서 통사정하는 게 평범한 서민의 비애다. 몰라서 당하고 순진해서 당한다. 부실이 심해질수록, 더 높은 금리로 유혹하며 예금자를 끌어들이는 게 그들의 속셈이라는 것도 모르고, 창구 직원이 말하는 대로 곧이곧대로 믿고 올인한다.

그뿐인가? 지금 당장 투자하면 며칠 사이에 수천만 원을 벌 수 있다는 일명 부동산 떴다방의 사탕발림에 평생 땀 흘려 모은 돈을 갖다 바친다. 그렇게 좋은 투자면 왜 우리처럼 일면식도 없는 낯선 사람에게 권하겠는가? 사돈에 팔촌까지 동원해 아는 사람들끼리만 해먹고 말지.

현대사회의 총아라고 불리는 금융, 정치, 경제 등의 시스템들은 대부분 경제적 이익을 위해 설계되어 있다. 이해관계를 조정하고 중재하거나, 거래를 하고 재화를 창출하는 모든 일들이 다 따지고 보면 돈을 중심으로 돌아간다. 그 안에 있는 사람은 비록 선한 의도를 가졌다 해도, 시스템에는 심장이 없다. '넌 마음이 착하고 불쌍하니까 도와줄게' 같은 동정은 없다는 말이다. 그래서 시스템을 자기에게 유리하게 활용할 줄 아는 사람, 자산가, 전문가, 지식을 가진 사람이 언제나 유리하다.

역사란 냉정하게 말하면 경제적 이익을 얻기 위한 과정이었다. 전쟁을 벌이는 것도, 식민지를 접수하는 것도, 모두 경제적인 목적이다. 우리 생활의 대부분도 경제적 이익이 반영된다. 날씨가

추워졌는데 따뜻하게 지내느냐 그렇지 못하느냐는 당장의 경제적 여건에 달려 있다. 궁극의 목적지는 아니지만 필요불가결한 수단임에는 분명하다.

그래서 많은 이들이 경제적 이익을 얻는 데 주력한다. 어느 정도만 갖추면 된다고 생각하는 사람이 있는 반면, 돈에 혈안이 되어 목숨을 걸고 덤비는 사람도 있다. 경제적 이익을 얻으려면 시장을 통해야만 하고 거기서 승부하려면 경쟁에서 이겨야 한다. 제대로 능력을 갖췄다면 정당한 대가를 얻겠지만, 그렇지 않은 자는 대가를 거의 못 얻거나 아예 얻을 수 없다. 그런데 사람의 마음은 능력이 없어도 갖고 싶은 게 본능이다. 능력이 안 되는 사람은 능력 이외의 방법을 생각하게 된다. 그것이 바로 모략謀略이다.

모략은 두 가지 뜻이 있는데 첫째는 계략計略이나 책략策略의 뜻으로서 어떤 일을 꾸미고 이루어 나가는 꾀와 방법을 말하고, 둘째는 좋지 않은 계책計策으로서 남을 못된 구렁에 몰아넣는 일을 말한다. 여기에서의 모략은 후자다.

최근 스티븐 바비츠키가 쓴 『협상과 흥정의 기술』에 보면 이렇게 말하고 있다. 그 분야에서 수많은 경험을 한 변호사이기도 한 저자는, '달콤한 제안'을 하며 접근하는 사람을 무조건 경계하라고 말한다. 그리고 그 사람의 제대로 된 속셈을 알기 위해 먼저 간단히 내게 접근하는 목적을 정리해 이메일로 보내달라고 요청하라고 충고한다. 이메일로 받는 이유는 정식 제안서와 달리 편한 마음으로 쓰게 되기 때문에, 상대가 자신의 속셈을 은연중에 드러내게 되기 때문이다. 또 무작정 만나게 되면 상대의 페이스에 걸려들게 되기 때문에 시간을 두기 위한 목적도 있다.

누군가가 내게 달콤한 제안을 할 때 가장 좋은 대처방법은 일단 그 자리를 피하고 나서 생각하는 것이다. 그러고 나서 그 사람의 입장에서 논리적이고 객관적으로 그가 얻을 이익을 생각해보아야 한다. 이 대목에서 인문학적 소양과 논리력, 정치적 판단력 등이 필요하다. 상황에 매몰되지 않고 사태를 명쾌하게 보기 위해서는 그걸 해체해서 보는 능력이 필요하기 때문이다.

돌이켜보면, 내가 채용했던 원장이나 간부들, 그리고 나와 관계를 맺었던 상당수의 사람들이 내게 모략을 구사해 이득을 보았다. 사람이 쉬워 보이고 무른 데다 감성적이라는 이유에서다. 한두 사람에게 당하는 모습만 보아도, 금세 하이에나처럼 달려들었다. 그런 사람들과 나는 인간적 우애를 쌓으려고 노력했다. 생각해보면 우리는 서로 원하는 코드가 달랐다. 그들이 원한 것은 돈이었고, 내가 원한 건 진심이었다. 그리고 내 생각은 그저 순진한 나만의 바람일 뿐이었다.

당시의 상황으로 다시 돌아갈 수만 있다면, 나는 반드시 매번 정당한 의심을 통한 객관적인 검증을 했어야 했다. 모략은 다양하게 응용돼서 펼쳐진다. 그러므로 매사에 쉽게 결정하지 말고, 상대의 입장에서 생각을 해보는 것이 필요하다. 다시 말해 어떻게 하면 나를 통해 더 큰 이익을 쉽게 얻을 수 있을까 하는 상대의 입장에서 상황을 바라보는 것이다.

예를 들어 간부를 채용할 때 연봉은 연봉대로 주었고 강의에 따른 수강료 분배도 해주었다. 내 쪽에서 베풀고 싶어 그렇게 한 것도 있지만, 첫 단추를 잘못 끼웠더니 형평성을 맞추기 위해 나머지 사람들에 대해서도 자연히 비슷한 조건을 적용해줄 수밖에 없었다. 처음 나와 연봉 협상을 했던 임원은 뼈가 부서져라 일하겠다면서 업계 최고의 대우를 요구했다. 학생들 몇 명을 유치하고 현재에 비해 성과도 두 배 이상 높이겠다며 장밋빛 청사진을 그렸다. 그때 나는 그 말이 유리한 조건을 얻어내기 위한 모략일 수도 있다는 것을 의심했어야 했다. 수습기간을 두고 그 기간이 지나면 정상 연봉을 적용한다든지, 연봉은 낮추되 성과와 연동되는 인센티브를 높인다든지, 그의 장밋빛 청사진이 모략임이 드러났을 때 내가 응수할 수 있는 카드를 쥐고 있어야 했다.

사업을 하려면 업종에 관계없이 사람의 마음을 공부해야 하고,

역사를 공부해야 한다. 그 이유는 우리가 미처 체험하지 못한 인간의 비정한 본능과 모략의 모든 변주가 그 안에 있기 때문이다. 왜 약한 자가 오히려 더 강한 외모로 자신을 과시하는지, 유약하고 소심해 보이던 사람이 변심했을 때 더 독하게 나를 공격하게 되는지, 나에게 도움이 안 되는 사람일수록 왜 내 앞에선 더 친절하게 구는지 등등을 알아야 한다. 사람의 본심과 가능성은 믿되, 주변 환경과 현재의 상황이 그를 최악의 적수로 만들 수도 있다는 것을 언제나 마음 한 구석에서 잊지 말아야 한다.

철저한 이해관계가 성공의 지름길이다

　나는 모든 인간관계에는 언제나 인정人情이 우선이라고 생각했다. 그러나 그것은 반만 맞는 말이었다. 사업상의 관계는 철저한 이해타산 관계이기 때문이다. 나는 사람들을 그렇게 대하지 않았지만, 사람들은 나를 그렇게 대했다. 관계라는 것은 상호적이기 때문에 어느 한쪽이 악한 생각을 품고 있으면 그것이 관계의 기준이 되게 된다. 다시 말하면 한쪽에서는 상대를 친구로 생각을 하고, 다른 한쪽에서는 상대를 적으로 생각한다면 그 관계는 '적대적인 것'이 된다. 만약 이때 한쪽이 실질적으로는 적敵인 상대를 여전히 친구로만 생각한다면, 당연히 큰 피해를 볼 수밖에 없다. 나는 그런 이치를 몰랐다. 세상 사람이 전부 다 나와 같은 줄만 알았다.

피자헛을 국내에 도입한 주인공이자 외식업계의 신화적 존재인 성신제 씨는 그의 저서 『나는 50에 꿈을 토핑한다』에서 이렇게 말했다.

'사업을 하면서 수차례 배신을 당하는 아픔을 겪기도 했지만, 그럼에도 불구하고 아직 신뢰와 의리를 중요시하는 사람들이 더 많다고 믿어왔다. 그러나 그런 믿음은 허상이었다. 지금에 와서 생각해보니 나는 나이 50이 될 때까지 인간에 관한 한 철이 덜 들어 있었거나 태생이 덜 떨어져 있었던 게 분명하다. 나는 인간이 그렇게 빠른 시간 안에 완전히 다른 사람으로 변할 수 있다는 것을 회사가 부도가 나서야 알았다. 모두들 몇 년 동안 계속 거래를 해온 터여서 당장에 안면을 바꾸기야 할까 싶었다. 그러나 그것은 세상을 모르는 순진한 생각에 불과했다. 그들은 사무실의 장식장이며 책꽂이 심지어는 내 책상의 유리까지 몽땅 두드려 부수며, 갖은 협박을 다했다.'

지금 성신제 씨는 성신제 피자까지 도산해 어려운 상황에 있지만, 그동안 그가 보여주었던 도전정신과 열정, 가능성과 희망은 언제나 한국의 많은 젊은이들에게 귀감이 된다고 생각한다. 그리고 나는 그의 화려한 부활을 진심으로 응원하고 뜨겁게 염원한다.

능력이 있어 이익이 될 때에는 협력업체가 와서 좋은 소리도 하고 이쪽의 요구라면 척척 들어준다. 그러나 능력이 없어지고 이익이 없어지는 순간, 그들은 돌변한다. 그럴 수밖에 없다. 그들의 입장과 상황을 이해해야 한다. 돈을 못 받게 되거나 최소한 거래처가 줄면 영업에 차질이 생긴다. 그들에게도 부양해야 할 노모와 처자식이 있다. 비즈니스에서는 결단코 절대 망해선 안 된다. 잘될 때는 그냥 한강물을 퍼다 팔아도 잘 팔릴 것처럼 느껴진다. 그러나 사업을 할 때는 안 될 때보다 잘 될 때를 경계해야 한다. 잘못된 의사결정을 하거나 엉뚱한 데 거액을 투자하거나 이 사람 저 사람 하루살이 떼처럼 달려드는 사람들의 요청을 인심 좋게 들어주기 쉽다. 안 될 때 허리띠를 졸라매가며 모은 돈이, 잘 될 때 오히려 한 방에 날아갈 수도 있다. 한 방에 날아가고 난 뒤에는, '잘 나갈 때 내가 널 얼마나 도와줬는데' 같은 볼멘소리는 먹히지도 않는다.

어제까지 같이 웃고 즐기던 동료가 내가 자신보다 더 많은 인센티브를 받았다는 것을 알게 된 다음부터 틈만 나면 음해하고 씹고 다니는 적이 되기도 한다. 성과가 좋아져 인센티브 잔치를 하고 나서 회사를 떠나거나 팀워크가 나빠지는 회사들이 많다. 맨발로 뛰겠다는 자세로 같이 밤 새워가며 일하던 어제의 동지가 서로 폄하하고 공을 깎아내리는 철천지원수가 되기도 한다. 그러니 회사에서의 인간관계는 어디까지나 불가근불가원不可近不可遠이며 예의를 지키고 업무가 원활히 흘러가도록 서로를 배려하되, 너무 끈끈한 선후배 친구 같은 관계가 되지 않도록 조심할 필요가 있다.

비즈니스상의 거래에서도 그렇다. 어떤 사람들은 거래처(특히 갑과 을)와 술자리를 자주 갖는데, 이런 일들은 나중에 다 덜미를 잡힐 만한 빌미가 되므로 절대 피해야 한다. 그 사람은 내가 인간적으로 좋아서 술을 사고 한 끼에 십만 원이 넘는 밥을 사는 게 아니다. 거래처를 잃지 않기 위해서이며 향후에 더 유리한 조건을 만들기 위해서 접대를 한다. 한두 번 아무 생각 없이 받다가는 나중에는 정작 클레임을 걸 만한 일이 생겨도 인정상 말을 꺼낼 수가 없게 된다. 자신의 직위와 위치를 이용해 업무상 배임 행위를 해서는 안 된다는 도덕적 이유도 있지만, 무엇보다 이쪽의 이익을 생각한다면 상대가 큰소리 칠 수 있을 만한 근거를 제공해서 이득 볼 건 아무것도 없다.

사업을 할 때 사람과의 관계는 합리적이고 더 많은 이익을 추구할 수 있는 호혜적互惠的인 관계를 도모해야 한다. 그렇게 서로가 윈-윈 할 수 있는 토대를 갖춘 다음 인정人情을 쌓아가야 한다. 그러나 사업상의 관계에서 친하다고 해서 평생을 함께할 수 있는 보장은 그 어디에도 없다. 내 실력이 형편없는데도 거래처나 고객에게 개인적으로 친하기 때문에 거래를 하자고 하는 것은 상대에게도 나에게도 피해를 주는 것이기 때문이다. 따라서 사업에서는 영원한 친구도 없다는 것을 알아야 하고, 지속적으로 최고수준의 품질을 제공해야 한다. 그렇지 않으면 관계는 언제든지 청산될 수 있음을 알아야 한다. 그리고 한발 더 나아가 자신 역시 이 비즈니스 관계의 본질에서 예외가 아님을 명심해야 한다.

3장
세상은 강한 자만이 승리한다

사람은 자신이 살아가는 이유를
설명할 수 있어야 한다
그래야 끊임없는 동기부여를 할 수 있다
그래야 지치지 않는 에너지를
자신의 심장에 펌프질할 수 있다
우리는 끊임없이 전진해야하고
그 속에서 승리를 쌓아가야 한다

성공의 근간을 보고 그 중심을 준비하라

나의 방종과 허술함으로 처절하게 실패하고, 사람의 이중적 실체를 적나라하게 경험한 후, 다시금 바닥에서 재기를 시작한 지금, 내가 더욱 확고하게 믿게 된 한 가지 진리가 있다. 그것은 바로 '사필귀정事必歸正'이라는 말이다. 인생의 원리는 너무도 단순하다. 그러기에 누구나 살아갈 희망을 갖는다. 그것은 쉽게 쌓은 것은 쉽게 무너지며, 성실하고 진실하게 자신의 의지를 불태우면 종국에는 승리한다는 믿음이다.

지금 우리사회는 안타깝게도 많은 사람들이 희망을 잃어가고 있다. 그래서 많은 이들이 자살을 하고, 많은 사람들이 로또복권을 사며, 또 많은 사람들이 도박을 한다. 실제로 우리나라는 자살률이 세계 최고이며, 로또복권을 광신도처럼 사들이고, 도박은 국가의 근간을 흔들 정도로 심각하다.

젊은이들은 취업이 되지 않아 불안하고, 30대도 자신의 마음을 달래달라고 아우성이다. 4~50대는 심각한 우울증에 빠져 있거나 위기감에 시달리고 있다. 많은 사람들이 꿈과 희망을 이야기하지만, 오히려 꿈과 희망은 사라진 것처럼 보인다. 신분 상승의 사다리가 거의 보이지 않는 시대가 지금이다. 대부분 고만고만하게 살 수밖에 없으며, 그마저도 쉽지 않다. 고도 성장기에는 열심히만 하면 먹고 살 수 있었지만, 지금은 늙어 죽을 때까지 노동을 해야만 살아갈 수 있는 미래가 우리를 기다린다.

브라운관이나 인터넷을 통해 소개되는 재벌들이나 할리우드 스타들의 삶을 보면, 괴리감이 느껴진다. 수영장과 근사한 정원이 딸린 호텔 같은 집, 온갖 근사한 리조트와 골프장, 멋진 자동차, 화려한 음식들. 내 처지로는 절대 경험할 수 없고, 평생을 노동해도 그들처럼 될 수 없다는 것을 직감적으로 알고 있다. 그러기에 총체적인 우울증과 화병에 시달리고 있는 것이다.

그렇다면 그런 삶이 다가오기를 왜 기다리고만 있는가? 미래가 암울할 것이라고 예측하면서 그런 미래가 내 삶에 엄습하도록 왜 그냥 방치해두는가? 어차피 비루할 수밖에 없는 삶이라면 차라리 지금 끝내는 게 낫지 않을까? 죽기도 두렵고 살기도 두렵다면, 그 삶은 대체 무엇인가?

나 역시 죽음을 수없이 고민했다. 그런데 그럴 수 없었다. 내가 가진 삶에 대한 목적의식과 기대치와 희망이 너무 컸다. 이 따위에 굴복해버리기엔 자존심이 허락하지 않았다. 실패가 준 뼈저린 깨달음이 오히려 담담한 새 출발을 응원해주었다. 이젠 알 것 같다. 내가 모든 것을 걸고 나아가야 할 푯대는 허영과 사치, 위선과 아부 속에서 삶의 진실을 놓치는 그런 삶이 아니라 내가 무엇을 원하며 어디로 가고 싶은지가 분명한 '나만의 길'이라는 것을.

내 인생의 삶을 어떻게 만들어갈 것인가에 대한 목적의식이 분명하지 않으면, 수많은 것들에 흔들린다. 가치 기준이 없기 때문이다. 아파트 평수가 가치 기준이 되면 강남 3구에 입성하기 전까지는 평생 비루할 수밖에 없다. 대기업 임원이 가치 기준이 되면 임원을 그만두는 날부터 존재이유는 없어진다. 다른 사람들의 인정이 가치 기준이 되면 다른 사람이 나를 비난하는 순간 나는 죽은 목숨이나 다름이 없게 된다. 도리나 의리, 정해진 규칙이나 상식 등의 사회적인 가치를 지키는 일이 인생에서 가장 중요한 일이 되면 자신의 내면에서 갈망하는 자유로운 삶은 없게 된다. 물질적

풍요, 직업, 명예, 인정, 사회적 가치 등등은 모두 내가 가는 길에 주어진 부차적인 가치일 뿐이다. '나는 도대체 왜 사는가?'에 대한 확고부동한 답이 없다면 하루가 공허해지고 늘어나는 것은 남과의 비교이고 어느 날 갑자기 운으로 얻는 신분 상승밖에는 해결책이 없어진다. 또한 남들이 '이건 지켜야 돼'라고 말하는 것들만 맹목적으로 따르다가 평생을 진짜 자신이 하고 싶은 일이나 원하는 것에는 손도 대보지 못하고 회한의 삶을 살다 죽게 된다.

내가 이 세상에 보내진 이유가 '세상을 긍정적으로 변화시키고, 다른 사람들에게 도움이 되는 일을 하고 가라'는 신의 뜻이라고 생각한다. 그래서 책을 쓴다. 그리고 언제가 될지는 모르지만 내 이름을 건 젊은이들을 위한 학교를 세우겠다는 꿈도 새롭게 품었다. 나는 꿈이 많고 하고 싶은 일도 많으며 생각도 많다. 그래서 고민도 많고 힘도 들지만, 내가 치열하게 하루를 살아가는 한 모든 꿈은 이루어질 수 있다고 믿는다. 지금 내가 보내는 하루하루는 그날을 위해 켜켜이 쌓아가는 힘들지만 즐거운 일상이다.

이제는 '어느 날 갑자기 운으로' 따위는 믿지 않는다. 물론 주변에는 그런 사람들도 보인다. 나보다 덜 실력 있고 덜 성실해 보이는 사람이 운과 타이밍으로 성공을 거두는 모습도 보지만 결국엔 사필귀정이 될 것을 안다. 자신을 만든 재료가 부실하면 그가 쌓은 성은 언제든 추풍낙엽처럼 무너지기 십상이다. 부패와 부정으로 쌓은 것이라면, 그 스스로 제어할 수 없는 욕망이 덫을 놓아 언젠간 제 발에 걸려 넘어진다.

내 존재 이유를 이 세상, 다른 이들에게로 확대했더니 하루가 전혀 힘들지 않다. 내 행보의 목적지를 내 손으로 우직하게 키워나간 커다란 나무그늘, 그 안에 사람들이 쉬어 머무는 것으로 두었더니 하루가 초조하지 않다. 남과 비교하는 일도 줄어들었다. 이것이 공자가 가르친 수신제가치국평천하의 길이 아닌가 생각해 본다. 물론, 조금이라도 독자들에게 더 도움이 되는 책을 쓰려고 고민도 하고, 밤샘도 많이 한다. 어떤 때에는 하루 종일 내내 방 안에서 치열하게 고민만 하기도 한다. 그러나 이러한 고통이 어찌 고통이라고 할 수 있겠는가! 자신의 인생에 대한 확고한 철학이 있다면 모든 것이 즐거움과 배움의 기회가 될 수 있다고 확신한다.

사람은 자신이 살아가는 이유를 설명할 수 있어야 한다. 그래야만 끊임없는 동기부여를 할 수 있고, 지치지 않는 에너지를 자신의 심장에 펌프질할 수 있다. 우리는 끊임없이 전진해야 하고, 그 속에서 승리를 쌓아가야 한다. 그러려면 자신의 중심축에 확고

부동하게 자리 잡은 자신의 존재이유가 필요하다.

우주적 관점에서 혹은 역사적 관점에서 보면, 돈을 조금 더 많이 벌고 덜 버는 것은 한낱 먼지에 불과한 일이다. 자신의 영혼을 감동시킬 꿈이, 제대로 된 삶의 철학도 없이 돈만 많이 있으면 무엇을 할 것인가? 그 돈으로 술이나 퍼마시고 이성에게 미치고 도박에나 빠진다면 말이다. 돈을 버는 것도 중요하지만 지키는 것도 중요하고, 요긴하게 쓰는 것이 훨씬 더 중요한 법이다. 평생 벌어봐야 기껏해야 수십억 많아야 수십조밖에 벌지 못할 텐데, 그 돈만 목적으로 사는 삶은 아무런 의미가 없다.

오래전 태국이 물난리를 겪으면서 약 20조 원의 피해를 입었다고 한다. 이처럼 대자연 앞에 내가 평생 쌓은 돈은 큰 의미를 지니지 못한다. 진정 중요한 것은 돈을 버는 과정에서 즐거움과 행복, 삶의 의미를 달성해야 하며, 내가 죽기 전에 내가 모은 돈으로 남들에게 보다 도움이 되는 일을 하고 가야 한다는 것이다.

흔히 '철 좀 들어라'고 한다. 이때 철이란 무엇인가? 계절을 말한다. 봄, 여름, 가을, 겨울. 철을 안다면, 인생의 모든 것을 아는 셈이다. 그래서 어르신들이 말하는 철이 든다는 말은 위대한 말이다. 국가가 흥망성쇠를 겪는 것처럼, 사람도 그러하다. 봄은 씨를 뿌리고 싹을 틔우는 계절이다. 여름은 절정기를 맞이하는 때고,

가을은 결실의 때다. 그리고 겨울은 쇠퇴기고 위기이며, 힘든 때이다. 사람에게도 분명 겨울과 같은 때가 있다. 그러나 그때를 잘 견디고 나면 반드시 봄은 온다. 그 봄에 싹을 잘 틔우고 때를 기다리면 여름이 오고 반드시 가을이 와 큰 결실을 맺는다. 또한 가을 뒤에는 겨울이 있듯, 큰 성공 뒤에는 반드시 쇠퇴와 위기가 기다리고 있다. 지금 때를 만나지 못한 사람은 봄이 오므로 절대 좌절할 필요가 없고, 지금 때를 만난 사람은 겨울이 오므로 절대 겸손과 유비무환의 자세를 잃어서는 안 된다. 그래서 우리는 늘 다음을 준비할 수 있어야 한다. 늘 초심을 유지할 수 있어야 한다. 늘 한결같은 마음을 가지고 살아가야 한다. 늘 그렇게 인생을 대비하고 초심을 유지하며 살아갈 때, 제대로 된 삶을 살아갈 수 있다. 그것이 철이 든 것이고, 인생의 모든 것을 아는 사람의 태도다.

이 책 역시 '성공학'의 한 부류로 분류될 것이다. '실패'의 경험을 이야기하지만 이 책의 많은 부분에서 '성공'이라는 나의 지향이 드러나 있다. 그러나 성공이라는 말은 표피적인 것에 불과하다. 흔히 빙산의 일각이라 하듯 드러나는 것은 일부에 불과하다. 성공도 마찬가지다. 성공은 겉으로 드러난 아주 일부의 사실일 뿐이다.

성공은 결국 내 안의 중심축, 내 안의 마음가짐, 내 안의 태도, 내 안의 초심, 내 안의 한결같음, 내 안의 존재이유 등이 확고부동하게 자리 잡고 있을 때 나올 수 있는 하나의 결과다. 그래서 나는 성공을 하려는 사람은 표피적인 성공을 볼 것이 아니라 그 성공의 근간을 보고 그 중심을 준비해야 한다고 말하고 싶다. 더구나 성공은 단시일 내에 이루어지는 것이 아니다. 올바른 철학이 없는 한 성공을 오래 지킬 수도 없다.

　요즘 재벌들이 욕을 먹고 있다. 다른 사람에게 베풀지 않고 음덕陰德을 쌓지 않는 한 그 성공은 오래갈 수 없기 때문이다. 자신들의 제품을 사주어야 할 사람들의 밥그릇을 빼앗아 서민층을 몰락시키는 데 일조한다면, 결국에는 자기 소비자를 죽임으로써 자신도 죽음을 맞는 공멸의 길을 자초하는 셈이다. 자신만 아는 이기주의로 성공한 단기적 성공은 그야말로 단기에 불과한 것이다. 최소한 4백년 이상의 명성을 유지한 경주 최 부잣집 같은 길을 걷지 못하는 것이다. 비록 작은 부자라 하더라도 올바른 철학이 없는 한 그 부富를 지킬 수 없다. 성공은 이기적인 사람이 아니라 긍정적인의 마음을 가지고 열정적으로 끈기 있게 노력하는 사람에게만 찾아오고 머물기 때문이다. 불황의 시대라며 많은 사람들이 우울해하지만 이 시기도 언젠가는 지나갈 것이다. 또한 내가 열심히 하면 극복할 수 있을 것이다. 마음을 굳게 먹고 최선을 다해 살아가면 반드시 길은 열려 있다.

돈에 대한 감각을 키워라

요즘 청년들의 상당수가 백수라고 하지만, 대학가나 유흥가 주변에 가보면 젊은 사람들이 의외로 돈을 잘 쓴다. 20대 후반인 직원에게 물어보니 자기 친구들 중에도 반 이상이 백수라고 했다. 호기심에 물어보았다.

"그 친구들은 그럼 뭔 돈으로 용돈 하나? 내가 보니 잘 입고 잘 쓰는 것 같던데."

대학 졸업하고 직장 생활한 지 5년 이상이 된 그 친구가 한심하다는 듯 대답했다.

"웬걸요. 어떤 애들은 직장 다니는 우리보다 훨씬 더 잘 쓰고 다녀요. 명품 들고 다니고."

"그럼 부모들한테 타 쓰나?"

"모르긴 해도 보통 용돈으로 한 달에 50만 원 이상은 받아쓰는 것 같더라고요."

점심 먹고 마신 커피가 더 씁쓸하게 느껴지는 순간이었다.

직장에 다닐 때는 돈 귀한 줄 잘 모른다. 정해진 날짜에 월급 나오지, 아껴 쓰기만 하면 보험도 들고 저축도 할 수 있으니 넉넉하진 않아도 불안하진 않다. 그런데 돈의 가치가 더 실감나지 않는 것이 '부모한테서 타 쓰는 돈'인 듯하다. 재산이 넉넉해 자식이 돈을 안 벌어도 생활이 될 만큼 줄 수 있는 부모라면 몰라도, 월급쟁이 부모 지갑에서 한 달에 50만 원 나오는 게 어디 쉬운 일이겠는가? 그런 부모의 쓰린 심정을 자식에게 가르치지 않고 그저 지금 불편하지 않도록 지원해주는 부모는 당장은 자식을 위하는 것 같지만 결국 자식을 망치는 셈이다. 요즘은 대학 졸업 후에도 제 앞가림을 못하는 자식을 위해 퇴직한 50~60대 부모들이 이른바 3D 업종에까지 취업해 일을 한다고 한다. 뭐가 잘못돼도 한참 잘못됐다.

처음 사업을 시작했을 때, 직장 다닐 때와 가장 먼저 달라지는 점은 돈에 대한 감각이다. 그전에는 아무렇지 않게 썼던 것도 새삼 달리 보였다. 자금 사정이 어려워 쪼들릴 때는 임대료, 월급, 복리후생비 등이 사채업자의 빚 독촉처럼 느껴질 뿐 아니라, 볼펜 한 자루, 복사지 한 묶음 사는 것도 예사롭지 않게 보였다. 보통 사무실에서 쓰는 복사지 한 박스는 2만 원이 넘는다. 그런 걸 아까운 기색도 없이 펑펑 쓰는 걸 보면, 나도 모르게 직원을 노려보게 된다. 어떤 사장은 월말만 되면 출금해야 할 것들이 머릿속을 떠나질 않아 밥맛이 다 없을 지경이라고 한다. 그전에는 사소한 소모품으로 보였던 것들조차, 예사로 보이지 않기 때문이다.

비용에 대한 감각은 젊어서부터 키워놓는 게 좋다. 부모가 넉넉하다 해도 부모에게 손 안 벌리는 습관을 키우는 게 좋고, 직장이 탄탄하다 해도 거기서 하나라도 비용 절감을 하는 눈과 감각을 키워놓는 게 좋다. 그게 나중에 더 성공하기 위해 핵심적으로 필요한 감각이기 때문이다.

돈보다는 목표의식이 중요하다고 해놓고 무슨 딴소리냐 싶을지 모른다. 그러나 돈을 버는 것에만 혈안이 되는 것과 돈을 제대로 효과적으로, 지혜롭게 쓰는 것은 다른 차원이다. 돈을 허투루 쓰는 사람은 큰일을 도모할 수 없고 자기가 원하는 미래까지 안정적으로 도달하기도 힘들다. 부모에게 손 벌려 용돈 받아쓰면서 공무원 되겠다고 시험공부 하는 젊은이에게는 미래가 없다고 단언

한다. 평생 철밥통이 보장되니까 공무원 되겠다는 것은 부모에게 용돈 받아 사는 삶을 더 연장하고자 하는 유약한 도피처로밖에는 느껴지지 않는다.

무슨 일을 하건 어떤 곳에 있건 목적의식이 뚜렷해야 한다. 설령 벼랑 끝에 몰린 심정으로 그 길을 선택했다 해도, 남들과 다르게 하겠다는 신념을 세워야 한다. 그리고 어디를 가든 남들 하던 대로 하는 것에서 그치지 않고 더 똑똑하고 빠르고 지혜롭게 그 분야의 일가를 이루고자 학습하고 노력해야 한다. 부모한테 한 달에 백만 원 가까운 부담을 지우면서 공무원 시험 준비에 뛰어들었으면, 술 먹지 말고 친구 만날 시간까지도 아껴서 죽자 사자 공부해서 하루 빨리 목적을 이뤄야 한다. 고시촌에서 2~3년씩 허송세월 할 바에는 차라리 수천만 원 버리기 전에 때려치우는 게 낫다. 젊은 시기에 기회비용을 날려버리면, 정작 나이 먹어서 아무런 경력도 경험도 밑천도 없는 신세로 다시 밑바닥부터 시작해야 한다. 그러니 밑바닥부터 시작하려면 애당초 빨리 시작하는 편이 낫다.

요즘 젊은 사람들이 취업이 안 된다고 하지만, 내 세대인 80년대 학번이나 내 아랫세대인 90년대 학번은 어디 그렇게 쉽게 취업이 되었는 줄 아는가? 이름만 대면 누구나 아는 대기업 신입사원이나 전문직, 공무원이 되는 친구들은 손에 꼽았다. 중소기업으로, 학원으로, 건설현장으로, 영업직으로, 미래를 보장할 수 없는 미지의 세상으로 나가서 제 손으로 밑바닥부터 쌓아갔다. 우리의 부모 세대나 선배 세대들은 말할 것도 없다.

한 푼이 아까운 줄 알고, 젊은 시절이 아까운 줄 알고, 앞뒤 안 가리고 일단 뛰어들고 보자는 정신이 지금의 대한민국을 만든 것이다. 개척되지 않는 분야를 열고 열사의 땅에 가서 땀으로 목욕을 하고 학교에서 가르쳐주지 않는 것을 실무에 부딪쳐 시행착오하며 차근차근 배워나간 덕에 오늘의 튼튼한 산업 근간이 만들어진 것이다. 제 돈 주고 복사지 한 묶음 사본 적 없는 사람이 무슨 시절 탓이고 환경 탓을 할 수 있는가?

공무원이 되려면 남과는 다른 공무원이 되려고 노력해야 한다. 부모한테 용돈 받아쓰듯, 돈과 시간과 고생에 대한 감각 없이 보장된 정년만 누리려는 생각으로는 그 무엇도 창조해낼 수 없다. 그저 부모들과 선배 세대에게 무임승차할 생각이라면 우리의 미래는 암울하다. 어디서든 사장의 마음으로 일하는 사람이 돼야 한다. 정부의 각 기관장들은 복사지 한 묶음에도 신경 쓰는 사장처럼 눈에 불을 켜고 누수가 있는 곳을 찾아내야 할 것이다. 백만 공무원이 모두 그렇게만 된다면, 대한민국의 미래는 탄탄대로다.

공무원도 디플레이션 시대가 심화되면 기업의 세수 감소로 감원을 할 수밖에 없다. 거기에도 두려운 현실이 있다. 눈 가리고 앞만 향해 달려가는 경주마처럼 맹목적으로 달려서는 결코 원하는 목적지에 도달할 수 없다.

빌 게이츠도 사업 초기 6년 동안 매해 이틀만 쉬고 일했다고 한다. 공짜로 얻을 수 있는 성공은 존재하지 않는다. 놀 것 다 놀고, 만날 사람 다 만나고, 할 것 다 하면서 얻을 수 있는 성공은 존재하지 않는다.

돌다리도 두드려 보며 건너야 한다

세상에는 긍정적이고 희망적인 생각을 하는 사람들이 훨씬 더 많다. 물론 긍정적인 생각은 성공하는 사람들에게 필수적인 덕목이다. 매사에 늘 부정적으로 생각하는 사람들은 절대 성공할 수 없기 때문이다. 그러나 낙관과 희망에는 합리적인 근거가 있어야 한다. 무작정 '잘 될 거야!'라고 생각하고 세상을 살아서는 안 된다. 안 되는 상황들을 먼저 생각할 수 있어야 한다.

성공은 희망적인 생각만으로 달성되는 것이 아니다. 성공은 실패요소들을 끊임없이 생각하고 그것들을 모두 제거하는 사람만이 하게 된다. 그래서 성공을 하려면 문제점이 무엇인지, 합리적 해결책이 무엇인지를 끊임없이 생각해야 한다. 만약 생각을 하다가 생각이 나지 않는다면 적절한 휴식을 한 뒤에 정면 승부를 해야 된다. 스트레스를 받는다고 술을 마시거나 현실을 도피하면 안 된다.

많은 직장인들이 고용불안을 겪고 있다. 그러나 제대로 자기 계발을 하며 미래를 착실하게 준비하는 사람은 전체 직장인의 10~20%에 불과하다. 대부분은 무작정 '잘 될 거야'만 연발하며 합리적이고 객관적인 준비를 하지 않고 있다. 무서운 세상이고 불안한 세상이라고 말은 하면서도 정작 중요한 실천은 하지 않고 있다. 상황이 이렇다면 다음을 위한 준비를 해야 한다. 어떻게 해서든지 시간을 내어 자신의 목표를 설정한 후 노력을 해야 한다. 무슨 수를 쓰든지 자신이 스스로 길을 찾아내야만 한다. 자신의 인생이고 자신이 책임져야만 하는 인생이기 때문이다.

지금 이 시대를 규정짓는 단어 중 가장 중요한 단어는 '불확실성'이다. 모든 것이 불확실해졌고 정말 만만치 않은 삶을 살아가야만 한다. 따라서 이런 불확실한 시대에는 무엇보다도 우리가 가슴에 새겨야 할 단어가 있다.
그것은 바로 '보수성'이다. 보수성! 요즘은 '보수'라는 말이 고집불통이라는 말과 동일시되어 사용되니 주의할 필요가 있다. 보수성과 진보성은 상호 양립하며 서로 보완되어야 한다. 진보성이 진취적이고 새로운 것을 과감하게 시도하며 변화를 두려워하지 않는 것이라면, 보수성은 현재 가지고 있는 것을 지키고(守成) 조심스럽게 가능성을 타진하며 리스크를 보완해가는 태도다. 보수성이라 하면, 돈을 함부로 쓰지 않고, 함부로 상황을 낙관하지 않으며, 다 된 것처럼 보여도 안 될 수도 있다고 생각하고 실패요인을 꼼꼼히 제거하고, 도전을 하되 리스크를 제대로 따져보고 행하며, 자신의 역량과 능력을 고려해 움직인다. 또한 작은 돈이라도 움켜쥐면서 하루하루 치열하게 생활하며, 시간과 돈을 절대적으로 중요하게 여기며, 그 어떤 사람의 충고라도 철저하게 검증해서 들으며, 자신의 삶은 오직 자신만이 지킨다는 보수성 등이 그것이다. 내가 사업에 실패하면서 나 자신에게 결여되어 있다고 절감한 바로 그 습관이다.

불확실한 시대, 불황의 시대, 고용불안의 시대, 돈을 벌기가 쉽지 않은 시대, 불안한 노후를 맞이할 수밖에 없는 시대이기 때문에 더더욱 이 덕목은 절실하다.

경영의 대가인 톰 피터스는 비즈니스의 본질을 이렇게 말했다. '세상은 절대 계획대로 펼쳐지지 않는다. 예기치 않은 2차, 3차의 돌발변수에 의해 펼쳐진다.' 그러므로 계획한 대로 되지 않는다는 전제와 시뮬레이션은 반드시 필요하다.

특히 사업을 할 때는 더더욱 그렇다. 사업계획서를 작성하고 사업을 시작하는 사람이 드물다는 것은 그런 점에서 매우 위험한 현상이라 생각한다. 작은 분식점을 경영하더라도 투자비, 월세, 재료비, 인건비 대비 실제 수입에 대한 낙관적인 기대치가 아닌 최악의 상황을 전제로 한 데이터가 준비되어야 한다. 예상보다 두 배 더 쓰고, 기대보다 반밖에 안 벌린다고 가정하는 연습을 반드시 해봐야 한다는 것이다.

실패를 맛본 이후에 습관적으로 어떤 매장을 가든 식당에 가든, 하다못해 테마공원이나 수목원에 놀러갈 일이 있어도 그곳의 손익계산서를 써보는 게 버릇이 됐다. 대략적인 규모와 거기에 들어갔을 투자비, 지리적 위치에 따른 평균적인 월 임대료, 직원 숫자에 따른 인건비, 매출 원가나 마케팅 비용 같은 것을 따져본다. 사람이 많고 붐비는 것 같아도 다들 구경만 하고 구매는 하지 않는 매장도 상당히 많다. 비용을 적게 들이면서도 효과적으로 장비나 시설을 구비해놓은 곳이 있으면 일하는 동선이나 패턴을 유심히 관찰한다. 테이블 회전율도 보고 제품 단가 대비 수익률도 가늠해본다. 그렇게 해서 '아, 여기는 얼마 못 가겠구나!' 하는 결론에 도달하면 근처를 지날 일이 있을 때마다 유심히 관찰해본다.

그렇게 찍은 곳이 정말로 얼마 못 가 폐업하는 것을 심심치 않게 목격했다. 무작정 잘 될 것이라고 생각하고 시작하면 안 된다. 최소한의 비용과 최소한의 리스크로 사업을 시작하는 것이 좋다. 실패를 하더라도 재기할 수 있는 범위 내에서 실패를 해야 한다. 특히 사회안전망이 보장되어 있지 않은 우리나라에서는 더욱 그렇다. 사업을 시작한 지 5년 내에 성공하지 못하면 평생 어려울 수도 있다고 생각해야 한다. 실제 통계를 보면 성공한 사업가들은 대부분 5년 내에 어느 정도 자리를 잡았다. 그러므로 이 기간 동안에는 마음을 독하게 먹고 허리띠를 졸라매고 사장이라는 이름의 사치나 허영은 쓰레기통에 버리고 죽을 각오로 승부를 해야만 한다.

대구에서 안과 전문의로 일하시는 외삼촌은 입버릇처럼 내게 말씀하셨다.

"젊었을 때 부지런히 해서 성공해라. 인생에서 정작 승부를 볼 시간은 그리 많지 않다. 나이가 들면 젊을 때처럼 정력적으로 일하다가 과로사할 수도 있다. 젊을 때하고는 여러 면에서 차원이 다르다. 시간도 부족하고 기회도 많이 오지 않으니 조금이라도 젊을 때 마음을 단단히 먹고 행동해야 한다."

체력도 두뇌도 크게 앞서는 젊을 때야말로 최고의 활동을 펼칠 시기다. 특히 승부의 기반을 완성하는 30대는 절대적으로 중요한 시기다. 그 시기에 도박하듯 돈 놓고 돈 먹기 식으로 승부하다 크게 실패하면 재기하기가 정말 힘들다. 나 역시 30대의 만용에 대한 처절한 대가를 지금 오롯이 치르고 있다.

도전하되 자만하지 말고, 20~30대에는 성공에 도전하기 위한 필요한 기초 체력을 만드는 데 주력해야 한다. 돈으로 승부하려 하지 말고 젊음으로 쟁취할 수 있는 것들로 승부해야 한다. 지식, 학습, 노력, 열정, 벤치마킹, 시행착오 같은 정신의 자본금을 마련해놓아야 한다. 현실의 대차대조표를 열심히 공부하며 익혀서 실패 없는 자기만의 비즈니스 모델을 준비해 놓아야 한다. 책을 보고 다큐멘터리를 보고, 신문과 잡지, 동종업계의 사람들을 만나 배우는 일을 게을리 해서는 안 된다. 쓸데없는 지출을 줄이고 정신의 자본금을 쌓는 데 돈을 써야 한다. 벌고 싶어도 절대 벌 수 없는 시기가 오기 전에, 남들보다 더 냉철하고 현실적인 손익계산서를 쓸 수 있는 능력을 키워야 한다.

자린고비 경영이 성공의 열쇠다

TV를 보면 온통 '억, 억 소리'가 나온다. 홈쇼핑에서 화장품을 팔아 연 매출 1백억 신화를 달성한 연예인 이야기, 인터넷 쇼핑몰로 '대박'을 터뜨린 사업가 이야기, 음식 하나로 연 매출 10억을 올리는 식당, 영화 흥행으로 수백억을 벌었다는 감독 이야기에 이르기까지.

그런데 이런 기사들을 가만히 들여다보면 실소가 나온다. 기자들이나 방송작가들이 정말 무식해서 그런 건지, 아니면 자극적인 헤드라인이 시청자와 독자를 끌어들일 수 있기 때문인지 납득이 안 간다.

매출이 곧 '수익'인 것처럼 부풀리는 것의 문제점은 나중 문제다. 예를 들면, 영화 입장료가 8,000원인데 관객이 100만 명이 들면 영화제작사의 매출은 얼마인가? 80억 원이라고 대답하면 빵점짜리 답이다. 입장료 8,000원을 제작사가 전부 가지겠는가? 마찬가지로 12,000원짜리 책을 100만 권 팔면 출판사의 매출은 얼마일까? 120억 원이라고 대답하면 이 역시 빵점짜리 답이다. 세상에 정가로 시장에 제품을 공급하는 회사가 어디 있단 말인가?

나는 이런 일명 뻥튀기 방송이 사람들의 허영심을 부추기고 준비 없는 창업을 부추긴다고 생각한다. 너도 나도 억, 억 하니까 억 벌기가 쉬운 줄 안다. 오죽하면 미혼여성을 대상으로 배우자감 설문조사에서 '연봉이 최소한 8천만 원은 돼야 한다'는 결과가 나왔을까? 대한민국에서 연봉 8천만 원 받는 사람이 몇 명이나 되겠는가?

'수익'은 매출에서 비용을 뺀 금액이다. 즉 제품을 판매해서 받은 돈에서 그 제품을 만들기 위해 들였던 돈을 모두 뺀 것이 수익이다. 수익도 크게는 매출이익과 영업이익, 경상이익으로 나뉜다. 매출이익이란 단순히 원가만을 뺀 것이고, 영업이익은 그 금액에서 다시 판매관리비 즉 인건비나 복리후생비, 마케팅 비용 같은 회사 경비를 모두 제한 금액이며, 경상이익은 이 중에서 또 다시 은행대출금 이자나 배당금 등을 제외한 순수한 이익이다. 여기

서 다시 법인세를 차감하고 나면, '당기순이익' 즉 1년 동안 장사
해서 총 벌어들인 이익이 나온다.

총 매출이 100억이라 해도 당기순이익은 10억 정도에 불과한
게 보통이다. 이것은 그나마 경영을 아주 잘한 케이스다. 많은 회
사들의 당기순이익이 마이너스다. 앞으로 팔고 뒤로 밑진다는 표
현이 바로 이런 상황을 일컫는 말이다.

이 모든 회사의 경영지표를 보여주는 것이 바로 '대차대조표'
다. 모든 법인의 대차대조표는 공개되도록 법으로 정해져 있다.
언론매체가 얘기하는 허울 좋은 기업의 실체를 알고 싶다면, 이
대차대조표를 보면 된다. 부동산 등 자산이 얼마나 있고, 차입금
을 얼마나 쓰고 있는지도 파악할 수 있다. 한마디로 '경영 성적표'
인 것이다. 경영이란 본질적으로 내가 투자한 돈을 굴려서 제품이
나 서비스를 만들고 그것을 판매해 다시 현금을 거둬들이는 일이
다. 식당에서 음식 장사를 한다면 현금을 받으면 당일, 카드 결제
로 받는다고 해도 최소한 한 달이면 수입이 현금화된다.

그런데 기업은 제품을 공급하고도 적어도 한 달 이상의 사이클
이 돌아야 현금이 들어온다. '어음'이라는 고질적인 한국 특유의
지불 문화도 있다. 사업을 하려면 선투자도 많이 필요하다. 이렇

게 현금이 들어가고 나오는 흐름이 '캐시플로cash flow'다.

학원을 예로 들면, 학기 초에는 돈이 넘쳐난다. 학생들이 수강 신청을 하고 선금을 내고 등록을 하기 때문이다. 그런데 시간이 지날수록 수강생 숫자는 점점 줄어든다. 학생이 많을 것을 예상하고 많은 강사를 채용했다면, 수강생이 줄어든다고 해도 그들에게 지급하는 인건비는 고스란히 나가야 한다. 학기 말쯤 돼서 어떻게 해도 수강생을 더 확보할 수 있는 방도가 없어지면, 어쩔 수 없이 추가로 차입을 하거나 자산을 처분하거나 인원을 감축해 비용을 줄일 수밖에 없다. 이 모든 것을 컨트롤하는 게 경영이다.

요즘 젊은 사람들 중 일부는 이것저것 도전하다 안 되면 부모님에게 "나 커피숍 하나 차려줘" 한다. 동네 커피숍은 말할 것도 없고, 차리기만 하면 부자가 된다는 프랜차이즈들도 실태는 다르지 않다. 매장도 화려하고 아르바이트 학생도 많고 겉모습은 번드르르한데 남는 게 없다. 내가 직접 운영을 하면서 느낀 첫 번째 교훈은 '깔고 앉아 있는 것'이 적어야 한다는 것이다. 사무실도 화려할 필요가 없고 시설에도 큰 투자를 할 필요가 없다. 그런 화려함은 부족한 실력을 커버하려는 사기꾼들이나 그렇게 한다. 강남에 가보면 번듯하게 차려놓고 자금 모집해서 먹고 튀는 벤처들이 얼마나 많은가.

인원도 많을 필요가 없다. 초기에는 자는 중에도 '원가'가 입에서 잠꼬대로 튀어나올 만큼 원가를 줄이는 데 목숨을 걸어야 한다. 어디서 사면 더 싼지, 어떻게 하면 더 절감할 수 있는지 아이디어를 내고 또 내야 한다. 고정적으로 지출되는 금액, 즉 인건비, 임대료, 은행 이자 같은 것은 무조건 최소화해야 한다. 마케팅이나 홍보에 들어가는 비용도 발로 뛰고 직접 전단을 나눠주며 최소한으로 줄여야 한다. 용역에 들어가는 비용을 아끼고 아르바이트생도 쓰지 말고, 하나에서 열까지 사장이 직접 해야 한다. 설령 망하게 돼도 손만 탁탁 털고 일어날 수 있을 정도로 몸무게를 줄여야 한다. 그렇게 해서 자기가 회사 다닐 때 받던 월급의 두세 배 정도가 경상이익으로 남을 정도가 되면, 그때는 시급제 아르바이트생 정도는 고용해도 된다.

홍대 앞 카페 중 태반은 하루에 커피 10잔도 못 판다고 한다. 초기투자비 몇 억씩 들여 취미생활 하다가 문 닫고 집에 돌아가는 사람들이 얼마나 많은가. 군고구마 기계 하나 사다가 길거리에서 고구마 구워 파는 편이 차라리 훨씬 더 많은 돈을 벌 수 있다. 남들 하는 흉내는 다 내고 싶고, 그러면서도 돈은 벌고 싶고, 사장 소리 들어가며 편하게 살고 싶으면 사업하겠다는 생각은 하지 않는 게 낫다.

성공은 공부로 가는 곳이 아니다

명문대에 입학한다고 해서 성공이 보장되던 시대는 지나갔다. 과거 대학에 입학하던 사람들은 상위 20%이고, 또 고도 성장기였기 때문에 그들은 자연히 좋은 직장에 취업할 수 있었고 고속승진의 사다리를 통해 수직 상승이 가능했다.

그러나 지금은 그런 시절이 결코 아니다. 솔직히 미국의 아이비리그를 나와도 답이 없는 시대다. 하버드를 나와서 평범한 샐러리맨을 한다면 의미가 없다. 하버드를 나와도 새로운 길을 개척하지 못하거나, 강력한 차별화를 만들어내지 못한다면 아무런 의미가 없다. 대학에서 배우는 것 자체가 실전과 거의 관련이 없고, 또 대학교육이 각종 병폐를 겪고 있는 상황에서 명문대를 졸업했다는 것은 국어·영어·수학을 조금 더 남들보다 잘했다는 반증에 지나지 않는다.

과거에 성공이란 판검사나 의사가 되는 길이었으나 지금은 그렇지 않다. 명문대를 나와 출세가도를 달릴 수 있는 때도 한참 지나갔다. 아직도 그럴 것이라고 믿고 있는 많은 사람들에게는 경고를 보내고 싶다. 지나간 기차를 아직도 기다리고 있는 형국이기 때문이다. 지금 이 시대는 실력 중심의 시대로 변하고 있고 '확실한 이익'을 줄 수 있는 사람이 최고로 대접받는 시대로 변하고 있다. 실력과 인품이 함께 겸비된 사람을 최고의 영웅으로 대접할 준비를 하고 있다. 시대의 패러다임이 급격히 변하고 있다.

그런데도 많은 사람들이 여전히 '학벌 증후군'에 시달리고 있다. 그만큼 자수성가형 부자들이 사라지고 있고, 샐러리맨 신화가 어려워졌으며, 자기사업을 통해 성공하는 비율도 소수이기 때문인지도 모른다.

의대를 가야하고 고시에 합격해야 하고 박사학위 하나를 받더라도 해외 명문대에서 받아야 한다는 강박이 대한민국 젊은이들을 흔들어놓고 있다. 그러나 기업의 인사 담당자들은 이미 스펙과다의 후보자들에게 진저리를 치고 있으며, 어떻게든 기질과 열정과 끈기로 무장한 원석을 찾아내려고 입사 전형 제도를 바꾸고 있다.

아이러니하게도 학벌 증후군이 판치고 있는 현실에서 오히려 좋은 대학을 간다는 것은 성공의 발판이 될 수 없다. 시작점에서 조금 앞서갈 수는 있지만, 궁극적인 성공을 보장하지는 않는다. 비즈니스 세계에서 확실한 결과를 끊임없이 증명해 보이는 것만이 확실한 간판이고 실력이며 진짜다. 학벌과 학위는 비즈니스 승리를 위한 최소한의 도구는 될지언정 확실한 경쟁무기가 되지 못한다. 도널드 트럼프가 『억만장자 마인드』에서 이렇게 말했다. '성공은 공부로 가는 곳이 아니다. 열정과 집념을 가지고 끈기 있게 승부하는 사람만이 도달할 수 있는 곳이다.'

세계 최고의 CEO로 꼽히는 스티브 잡스와 빌 게이츠는 모두 대학을 중퇴했다. 전공도 놀랍기 그지없다. 철학과와 법학과이다. 그런 이들이 IT 분야의 거장이 되고, 세계의 과학기술 역사를 새롭게 쓰고 있다. 그들이 세계 최고가 될 수 있었던 것은 세계 최고의 '실력'이 있었기 때문이다. 대학 전공으로 어느 현업에서 최고가 되었다는 사람을 본 적이 있는가? 교수의 수업은 자기책의 범위를 벗어나지 않으며, 시험은 단순 암기에 불과하다. 차라리 학교 밖에서 교수의 책이 아닌 시대에 따라 급변하는 수많은 최신 서적을 공부하는 편이 더 낫다. 진짜 지식이란 산업계에 적용되는 지식, 산업계를 리드할 수 있는 지식이며, 진짜 노력이란 이론이 아닌 실무와 실전적 지식, 세상과 소통하며 대중에게 의미를 주는 지식을 쌓는 것이며, 진짜 승부란 학교 교실이 아니라 피 튀기는 비즈니스 세계에서 승리하는 것이다.

이제는 허울뿐인 간판에 관계없이 진짜 실력으로 진검승부를 펼치는 '진짜 세상'이 왔음을 인정하고, 진짜 삶을 제대로 살아가도록 해야 한다. 그리고 그 중심에는 끊임없는 노력이 있다. 그리고 그 중심에는 세상을 선도할 수 있는 지식과 삶의 역경을 이길 수 있는 굳건한 철학이 있다. 무엇보다 인문학적인 소양이 중요한데 독서를 필히 권하고 싶다. 1년에 최소한 1백 권 정도의 책은 읽어야 한다. 시대를 리드하는 지식을 가지려면, 굳건한 철학을 지니고 흔들림 없이 살아가려면 무엇보다도 독서가 중요하다. 그 중에서도 인문학 책읽기는 세상을 바라보는 시야를 넓혀주고 통찰력을 키워주어 지혜롭게 살아갈 수 있는 힘을 제공한다. 경영과 인생에서의 판단과 결단, 삶의 위기 속에서의 성찰과 혜안은 모두 인문학에서 나오는 것이다. 그리고 그 인문학의 토대는 바로 독서이다. 그래서 나는 독서를 필히 권하고, 이 독서를 통해 자신의 길을 개척해 나갔으면 하는 바람이다.

성공은 분명 일회성이 아니다. 성공은 항상 과거의 성공을 잊어버리는 것에서부터 시작된다. 과거의 향수를 잊고 언제나 초심으로 매진할 때 성공은 유지될 수 있는 것이다. 성공은 단 한 번의 벼락출세로 되는 것이 아니다. 끊임없는 노력을 적어도 10년 이상 유지할 때 굳건한 성공이 만들어질 수 있는 것이고, 그 10년의 노력이라는 것도 최정상에 선 다음 초심을 잃어버리면 한 순간에 나락으로 떨어질 수 있는 것이 성공이요, 인생이고, 삶이다. 그래서 명문대 진학이라는 단 한 번의 기회가 영원한 성공이 될 수 없는 것이다. 영원한 성공은 영원한 노력으로만 유지되는 것이지, 단 한 번의 로또당첨으로 이루어질 수 있는 것이 아니다. 삶이란 그래서 끊임없는 노력이 중요하고, 확고한 삶의 철학을 가지고 경건한 마음가짐으로 살아가는 것이 중요하다.

그러나 사람은 흐트러지기 쉽고, 마음을 놓아버리기 쉽고, 긴장을 잃기 쉬우며, 퇴폐와 향락에 젖어들기 쉽다. 자신을 절제하지 못하고, 방만하고 나태한 상태에 빠져들기 쉽다. 그게 인간이다. 그래서 자신을 꼿꼿하게 세우고 나간다는 것, 자신을 이기고 나간다는 것이 이 세상에서 가장 어려운 일이고, 그것이 되는 사람은 세상에 큰 획을 긋고 성공하는 사람이 될 수 있다. 그러나 대부분의 사람들은 그런 길로 나가지 못한다. 그러나 우리는 성공, 그리고 영원한 성공, 영원한 사랑을 실천하는 길로 나가기 위해 우리의 마음을 다시 한 번 굳게 다지며, 늘 초심과 경건함을 잃지 않도록 해야 한다. 그럴 때에만 우리의 성공은 끝없이 유지될 수 있고, 또 항상 웃을 수 있는 오늘과 내일을 맞이할 수 있기 때문이다.

성공의 길은 외롭고 고독한 길이다

사람이 세상을 살아간다는 것은 무엇일까? 인생이라는 것은 도 대체 무엇인가? 늦은 저녁 잠들기 전 혹은 새벽 동틀 무렵, 인생 이란 무엇인지를 생각해본다. 그리고 나를 찬찬히 관찰해본다. 나는 무엇을 위해 살아가고 있으며, 무엇을 위해 노력을 하고 있 는지, 내가 사는 이유는 무엇인지, 과연 인생의 근본적인 진리는 무엇인지 등에 대해서 생각해 본다.

꿈과 목표라는 것이 무엇이며, 이것이 과연 어디에 기반을 두 고 있는지도 생각해본다. 그리고 인간의 욕망이 무엇인지도 생각 해본다. 욕망이란 본질적으로 아름답고 누구에게나 필요한 요소 다. 그러나 이것이 극단으로 치달으면 자신의 모든 것을 망칠 수도 있다. 그래서 인간으로서 제대로 살아간다는 건 결코 녹록한 일이 아니다.

　사업을 한다는 것은 본질적으로 '돈'이라는 욕망을 위한 일이지만, 돈만 추구하면 사업에서 본질적인 어려움에 부딪치게 된다. 일하는 것이 천형天刑이 되고 재미가 없어지기 때문이다. 일하는 자체에 주목하지 않으면 재미를 잃게 되고, 재미를 잃게 되면 일이나 사업 모두 사실상 끝장이다.

　반면 일에서 재미와 보람만 찾다가 제대로 된 수익을 얻지 못한다면, 그 또한 큰일이다. 슬프지만, 돈 없이는 인간답게 사는 것뿐 아니라 사업을 영위하는 것이 불가능하기 때문이다. 그래서 이 둘 사이에 적절한 균형이 필요한데 결코 쉽지만은 않다. 아슬아슬하게 양극단의 외줄타기를 해야 할 때도 있고, 양손에 쥐고 저글링을 하듯 능숙하게 이 둘을 바꿔 쥐어야 한다.

　인생도 그렇다. 인생은 '밥, 의미' 이 둘이 공존해야 한다. 밥만 먹는 인생은 쾌락은 있을지언정 의미가 없어진다면 살찐 돼지의 삶이나 다를 게 없다. 가슴 속이 무기력하고 허무해지며, 비참해진다. 이런 삶을 살다 보면, 쉽게 지치고 금세 힘들어진다. 체력적으로 심리적으로 사람을 피폐하게 만든다. 요즘 젊은 사람들이 왜 힘들다고 아우성인가? 밥이 전부가 아니라는 걸 아는데, 그것

말고 의미를 어디서 찾아야 할지 막막하기 때문이다. 의미를 향해 부단히 나아가다가 '이러다가 영영 밥을 먹을 수 없게 되는 것 아닌가' 하는 불안감이 엄습하기 때문이다.

나 역시 이 인생의 의미에 대해서 곰곰이 생각을 해본다. 다른 사람을 위한 길에 무게를 두다가, 나 자신이 큰 경제적 어려움에 처하면서 나를 위해 헝그리 정신을 발휘하는 것에 더 무게를 두기도 한다. 성공을 향해 가는 즐거움에 실컷 몰입하다가도, 그로 인한 성공의 열매가 주는 퇴폐와 향락에 나도 모르게 빠지게 되는 순간 화들짝 놀라 스스로를 추스르기도 한다.

그래서 인간은 끝없이 자기 성찰을 하고 배워야 하는 존재라는 걸 새삼 느낀다. 누가 뭐래도 내가 가장 즐거울 수 있는 길이 가장 큰 삶의 의미가 아니겠는가? 즉 끊임없이 학습하고, 글을 쓰는 일, 그래서 나도 즐겁고 다른 사람에게도 도움을 주는 삶이 내 삶의 의미가 아니겠느냐는 생각을 하게 되었다. 그리고 이 개인적인 즐거움은 과정에서의 절제와 경건, 바른 생활에 있는 것이지 큰 부富를 쟁취한 다음 소비하는 것이 아님을 절실히 깨닫게 된다. 나도 큰돈은 아니지만 제법 돈을 벌어 내가 먹고 싶은 것, 쓰고 싶은 것, 하고 싶은 것을 대부분 해보았다. 그런데 결론은 허무감 외에는 남는 게 없다는 것이었다.

첫째, 많이 먹으면 돼지가 된다. 돈 벌었다고 해서 마음대로 먹으면 돼지가 되고 병이 난다. 돈을 벌어도 절제를 해야 건강한 삶을 살아갈 수 있다.

둘째, 쓰고 싶은 것을 마음대로 써도 진정한 행복을 경험할 수는 없다. 당장 말초적 신경이 즐거울 수는 있겠지만 그 즐거움은 결코 오래가지 못한다.

셋째, 하고 싶은 것을 다 한다고 해서, 세계최고의 명성과 권력, 돈을 가지고 있다고 해서 행복해지는 것은 아니다. 오히려 그런 것에 점점 더 집착할수록 스스로는 더 불행해지게 된다. 다른 사람의 칭찬과 지지에 목메는 사람, 돈에 목메는 사람은 행복한 삶을 살아갈 수 없다. 행복은 정신적 자유에서 오는 것이고, 그 정신적 자유란 자아自我가 다른 사람이나 사물에 신경을 쓰지 않고 자신만의 길을 자유롭고 고고하게 걸어갈 때 달성될 수 있는 것이다. 행복은 자기 마음의 깊은 곳에서 우러나는 것이지 다른 사람의 인정이나 칭찬에서 비롯될 수 있는 것이 아니다.

우리의 궁극적인 인생 목표는 행복이다. 성공은 그 과정에서 밟아야 할 하나의 디딤돌이다. 설사 세속적인 큰 성공은 하지 못했더라도 자신이 행복하고 의미 있게 살았다면 제대로 된 삶이다.

수천억을 벌어야만 성공했다고 말할 수 있는 것은 아니다. 설사 세속적으로는 크게 인정받지 못하는 환경미화원으로 살더라도 다른 사람에게 도움을 주고 자신이 행복한 마음으로 생활을 한다면 그것이야말로 진정한 성공이고 위대한 삶이다. 성공은 다른 사람이 규정하는 것이 아닌 내가 규정하는 것이기 때문이다. 나는 다른 사람의 규칙과 잣대에 따라 살아가는 기계가 아닌, 세상에서 단 하나뿐인 가장 소중한 존재로 행복하게 살아가는 최고의 존재이기 때문이다. 나는 자유로운 영혼이고, 자유로운 삶을 살아가는 행복한 사람이 되어야 한다. 이 행복이야말로 우리의 궁극적인 인생 목표이다.

자신에 집중하는 삶은 행복한 삶을 이끌며, 사업에서도 성공으로 이끈다. 사업에서 성공을 하려면 자신만의 강한 주관이 필요하다. 일희일비一喜一悲하지 말아야 하며, 다른 사람의 말에 귀를 기울이되 흔들리지 말아야 한다. 결국 모든 책임은 내가 지는 것이므로 내가 옳다고 믿는다면 어떠한 반대에도 흔들리지 말아야 한다. 그리고 칭찬을 듣더라도 마음의 경건함과 절제를 잃어서는 안 된다. 경건과 절제를 잃는 순간 사업은 물론 인생도 망치게 된다. 다시 한 번 말하지만 즐거움은 쾌락에 있는 것이 아니다. 즐거움은 경건과 절제의 자세로 하루하루 최선을 다해 살아가는 것에 있다. 최선을 다할 때, 그래서 고통스럽고 힘들 때 바로 그때 우리는 최고의 능률로 일하게 된다. 그리고 바로 그때 최고의 성과가 달성된다. 그때 우리는 행복을 경험하게 되고, 다른 사람에게도 진정한 도움을 선물할 수 있게 된다. 고통은 고통스럽지만 역설적으로 고통이 있어야만 행복에 이를 수 있다. 고통스럽지 않은 일에 매달리면 그 어떤 위대함도 만들어낼 수가 없다.

인생은 자신이 살아가는 것이다. 다른 사람이 대신 살아줄 수도 없고 다른 사람이 책임을 져줄 수도 없다. 다른 사람이 충고를 해줄 수 있지만 책임은 본인이 온전히 져야만 한다. 사람은 다른 사람과의 관계 속에서 살아가기 때문에 비난을 하면 흔들리지만 세상 모든 사람들이 내 편이 될 수는 없고, 내 생각을 이해할 수도 없다는 생각을 가져야 한다. 그리고 나를 칭찬하고 지지하는 사람들이라고 해서 그 사람들의 말을 다 들어서는 안 된다. 옥석을 가려낼 줄 아는 혜안이 절대적으로 필요하다. 그래서 성공은 외롭고 고독한 자의 몫이고, CEO는 그래서 늘 외로운 법이다. 그러나 온전히 자기만의 생각으로 길을 걸어갈 때 그때야말로 최고의 행복과 성공을 쟁취할 수 있게 된다. 모든 것을 떠나 자유롭고 고고하게 생각할 때 행복을 경험할 수 있고, 자신만의 주관을 가지고 책임을 지면서 일할 때 성공을 달성할 수 있게 된다.

헝그리 정신으로 경영해야 성공한다

인생에는 역설이 존재한다. 우리는 노동에서 해방되기 위해 열심히 일한다. 흔히 환상적인 은퇴를 꿈꾸고 있는 것이다. 늙어서 죽을 때까지 노동에 시달리기를 원하는 사람은 없다. 좀 편안하게 살고 싶어 하는 것이 대부분의 사람들의 마음이다. 여자들도 될 수 있으면 결혼 이후에는 일을 하고 싶어 하지 않는 경우가 많다. 요즘은 맞벌이를 해야만 살아갈 수 있는 현실이지만 남편의 경제력이 확고하다면 전문직에 종사하더라도 일을 그만두는 경우도 많다. 그만큼 일은 힘이 들고 또 하기 싫은 것이다. 실제로 남자들도 일을 계속하고 싶어 하지는 않는다. 흔히 일은 힘들고 고통스러운 것으로 인식하고 있다. 노동을 즐기면서 하는 사람들은 많지 않는 것이 현실이다. 많은 사람들은 일을 통해 돈을 버는 것보다 번 돈을 쓰는 것에서 희열을 느낀다.

그러나 나는 노동은 신의 위대한 뜻이라고 생각한다. 노동하지 않고 놀기만 한다면 시간을 제대로 사용할 수가 없다. 돈이 천억이 있고 매일 논다고 가정해보자. 얼마나 끔찍한가! 이것은 재앙이다. 당장 천만 원 들고 한두 달만 놀아보면 재앙이라는 사실을 알게 될 것이다. 매일 먹고 싶은 것 마음대로 먹으면 어떻게 되겠는가? 순식간에 돼지가 되어버린다. 돈 없을 때는 못 먹으니까 살도 안 찌고 외모도 좋다. 그런데 돈이 많아서 막 먹고 나면 몸이 망가진다. 돈이 많아서 고급 술집에 가서 시간을 보내면 몸 망가지고 사람이 타락한다. 집과 좋은 차를 사고, 해외 호화판 여행을 가는 소비도 오래가지 못한다. 자신에게 살아갈 의미를 주지 못하는 삶, 자신이 만족하고 행복을 경험하지 못하는 삶, 자신에게 희망을 주지 못하는 삶은 이미 죽은 삶이다. 돈이 많아서 단지 먹고 자고 생각 없이 쓰기만 하는 삶은 인간의 삶이 아니다. 그런 삶은 지쳐버린다. 나는 불안이 곧 성공의 초석이 아니겠느냐는 믿음을 가지고 있다. 나는 헝그리 정신의 위대한 힘을 믿는다. 나는 고생을 통해 얻을 수 있는 인생의 위대한 진리를 믿는다. 나는 오히려 빛보다 그늘에서 인간의 본질과 진리를 깨달을 수 있다고 믿는다.

나는 부자보다는 오히려 가난한 사람에게서 부의 길을 배울 수 있다고 믿는다.

　사람은 늘 배가 고파야 한다. 돈이 많다면 의도적으로라도 헝그리 정신이 들도록 만들어야 한다. 워렌 버핏도 자기 회사의 임원을 두고 이런 말을 한 적이 있다. '이 사람들은 이미 평생 먹고 남을 만큼 돈을 많이 번 사람들이다. 그래서 이 사람들이 새벽에 나와 하루 종일 열정적으로 일하는 것은 돈을 벌기 위해서가 아니다. 나는 이 사람들이 끊임없는 열정을 유지하고 뜨겁게 일할 수 있는 동기를 제공하는 일을 중요한 부분으로 보고 있다.' 자신을 투지만만한 인간으로 늘 만들어야 한다. 불안 속에서 역동성이 꽃피는데 자신도 이 역동적인 삶을 살아가도록 해야 한다. 긴장이 풀어져 배에 기름이 잔뜩 끼면 안 된다. 긴장으로 눈빛이 살아 있고 무언가를 끊임없이 이루겠다는 생각으로 살아가야 한다. 만족하고 최고라고 생각할 때 이미 그때는 끝이다. 이것은 역사 속에서 수없이 검증되고 검증된 것이다. 돈을 많이 벌어서 화려한 건축물을 지은 나라치고 그때를 기점으로 쇠퇴하지 않은 나라는 없다. 개인도 마찬가지다. 돈을 좀 벌었다고 과시나 하고, 여행이나 다니고, 골프나 치고, 화려한 집이나 짓고, 술이나 마시고, 한가하게 시간이나 보내는 사람치고 쇠퇴기에 접어들지 않은 사람은 없다. 성공은 배가 고픈 사람들만이 할 수 있는 전유물이다. 혹자는 가난하면 성공의 길은 어렵다고 말한다. 일면 타당하다. 기회가 없다는 측면에서 맞는 부분이 있다. 그러나 그것이 과연 절대적일까? 왜냐하면 인간 정신의 힘을 무시한 말이기 때문이다. 인간의 위대한 정신, 인간이 무언가를 이루고자 하는 집념, 투지, 끈기, 열정, 희망 이런 것들을 무시한 말이기 때문이다. 성공은 결국 정신의 힘으로 이루어지는 것이다. 돈의 힘으로 이루어지는 것이 아니다. 정신이 곧 돈이고, 권력이고, 명예이다. 정신은 모든 것이다. 정신이 살아 있어야 한다. 배가 고파 날이 시퍼렇게 서서 눈이 섬광처럼 빛나면서 일을 해야 한다. 그럴 때 성공이 오는 것이고, 내일이 오는 것이지 그렇지 않으면 희망은 헛된 바람으로 끝나게 된다. 그게 삶이다.

나도 그런 생각을 많이 한다. 나 스스로 쉬지 않고 가야겠다는 생각을 한다. 어떤 위치가 되던 긴장감을 잃어서는 안 된다고 생각한다. 그리고 처음의 마음, 순수한 마음, 불안한 마음, 헝그리 정신을 평생 가져야겠다고 생각한다. 작가의 길이든, 경영자의 길이든, 샐러리맨의 길이든, 예술가의 길이든, 정치가의 길이든 모든 길은 그래야 한다. 그래야 대성할 수 있고, 역사 속에 길이 남을 수 있다. 그러나 이 불안한 마음과 헝그리 정신은 사실 자신에게는 굉장히 힘든 일이다. 나 역시 불안 속에서 일을 했고, 또 하고 있다. 그러나 이 불안은 사람을 굉장히 피곤하게 하고 두렵게 만든다. 밤에 잠이 잘 오지 않게 하며 죽도록 일하게 만들고, 일에 미치게 만든다. 이 과정은 사실 겪어보지 않으면 모르는데 참 힘들다. 배고픈 자의 절박한 사투死鬪가 최고의 작품을 만들어내는 이 인생의 아이러니를 어떻게 설명해야할까? 그러나 실제 현실이 그렇다. 승리는 절박한 자의 몫이고, 승리는 배고픈 자만이 할 수 있는 특권이다. 그래서 승자가 되려면 고통 속으로 들어가야 한다. 승자가 되려면 고통을 사랑할 수 있어야 한다. 인생은 곧 고통이라는 부처의 말을 진리처럼 믿고 따라야 한다. 고통이 곧 승리이고, 쾌락이 곧 실패이다. 이것이 인생의 진리이다. 성공은 고통 속에서 아름다운 몸부림을 칠 때, 고통 속에서 일의 기쁨을 느끼며 일과 일심동체가 될 때 그때 이루어질 수 있는 것이다. 투지와 불안, 맨주먹으로 세상을 뒤바꾸어보겠다는 열망 하나가 이 지구를 바꾸는 것이다.

지금 그대는 힘이 드는가? 그렇다면 성공은 곧 찾아올 것이다. 지금 그대는 인생이 쉬운가? 그렇다면 실패가 곧 찾아올 것이다. 인생은 본질적으로 만만치 않은 것이다. 인생은 본질적으로 뜨거운 노력을 해야만 웃을 수 있는 것이다. 쉽게 얻을 수 있는 건 하나도 없다. 쉽게 될 수 있다는 것 자체가 인생에는 존재하지 않는다. 운으로 한두 번 있을 수는 있겠지만 운으로만 온 행운은 오래 가지도 못한다. 절박한 마음이 없는 한 말이다. 우리는 세상을 불공평하다고 말한다. 일면 타당한 말이고, 맞는 말이기도 하다. 그러나 나는 그래도 인생은 공평한 것이라고 생각한다. 성공한 사람들은 모두 하나같이 고통 속에서 살고 있고, 실패한 사람들은 하나같이 쾌락 속에서 살고 있기 때문이다. 고통을 잡고 위대한 성공을 이룬 사람이 될 것이냐, 아니면 쾌락을 잡고 실패로 점철된 삶을 살 것이냐 그 선택의 중심에는 내가 있다.

오늘 나는 어떤 삶을 살아갈 것인가? 최선을 다하는 그래서 힘들고 고통스럽고 견디기 어려운 오늘을 보낼 것인가? 그러면서 궁극에는 웃는, 궁극에는 행복한 그런 삶을 살 것인가? 아니면 오늘 하루의 쾌락을 위해 오늘을 허비하며 내일을 엄청난 위기와 실패로 맞는 그런 삶을 살 것인가? 지금 우리는 선택해야 한다.

세상은 강한 자만이 승리한다

세상에는 역설이 많다. 흔히 우리는 사람이 좋으면 성공하지 못한다는 말을 하며, 나쁜 사람이 성공한다는 말을 한다. 그러나 사람 좋다는 소리만 듣기를 바란다면 그것은 반드시 실패하는 길이 된다. 세상은 험악하기 그지없다. 인정사정없고 무서우며 창날 같은 이빨로 당신의 두 다리를 단번에 끊어버릴 수 있을 정도로 잔인하다. 자연계를 예로 들어보자. 호주는 환상적인 곳이다. 이민 순위에서 캐나다와 함께 늘 1~2위를 차지하는 곳이다. 그런데 호주의 바다는 정말 무시무시하다. 백상아리가 있는 것이다. 2십 억짜리 근사한 요트를 타고 가다 배가 암초에 부딪쳐 좌초라도 된다면 거의 죽은 목숨이다. 상어 때문이다. 3.2m의 백상

아리가 무는 힘은 최대 약 1.5t에 달한다. 상어가 물면 인간의 몸은 산산조각이 나버린다. 끔찍한 일이지만 식인상어에게 희생되는 사람들이 있으며 상어는 윤리 따위는 상관하지 않는다.

생태계의 냉혹한 이 원리는 우리가 사는 세상에도 그대로 적용된다. 나를 알지도 못하는 사람이 나에게 범죄를 저지르고, 세계 곳곳에서는 서로의 이익을 둘러싸고 국지전이 계속 발생하고 있는 것이 오늘날 우리의 현실이다. 그리고 비즈니스 세계에서도 애플과 삼성은 끊임없이 소송을 벌이고 있다. 소송이란 총칼만 안 들었을 뿐이지 상대의 목을 베어버리는 행위이다. 다만 합법이라는 테두리에서 이루어지고 있는 전쟁일 뿐이다. 소송에서 패소하면 막대한 손해를 보게 되고 심지어 회사가 망하는 경우도 발생할 수 있다. 지금 세계경제를 보면 사실상 과점의 경제이며 다른 경쟁자는 진입할 수 없도록 다양한 조치를 취하고 있다. 신규 진입자가 나타나면 기존의 과점자들은 제품의 가격을 원가 이하로 다운시켜버려 신규 진입자를 망하게 만든다. 사실 자본주의의 역사를 분석해보면 독점의 역사이고, 지금도 세계최고의 부자들은 사실상 독점의 길을 걸어온 사람들이다.

사람은 분명 사람다운 길을 걸어가야 한다. 그리고 널리 인간을 이롭게 한다는 홍익인간의 뜻을 받들어가야 한다. 그것이 진정한 인생의 길이다. 나는 죽음 이후의 세계를 믿으며 언젠가 우리 모두는 재회할 것이라고 믿는다. 그렇기 때문에 우리는 선행을 해야 한다. 지금 살아 있는 삶은 잠시이고 죽음 이후의 삶은 오래이기 때문이다. 그래서 진정한 길이란 선행이 인간다운 길이며, 사람을 사랑하는 길이라는 확고한 믿음을 가지고 있다. 그러나 우리가 이 세상에서 항상 선행만 하고, 좋은 소리만 하고, 아름다운 행동만 할 수 있는 것은 아니다. 또 그렇게 해서도 안 된다. 거친 말을 해야 하고, 때로는 거친 행동을 해야 하며, 싸움이나 전쟁에도 과감하게 참가할 수 있어야 한다. 세상에서 승리하는 삶을 살기 위해서는 현실적이고 합리적인 행동이 필요하며, 그에 합당한 행동을 해야만 승리를 할 수 있다. 오늘의 삶에서도 승리를 통해 많은 사람들이 실질적으로 번영할 수 있는 길을 도모해야 한다. 그러기 위해서는 때로는 쓴소리, 보기 좋지 않은 말과 행동, 소송이나 전쟁 등도 과감하게 수행할 수 있어야 한다. 직원들의 마음이 아플 것을 염려해 잘못을 지적하지 않거나, 사장으로써 올바른 결정을 내리기 위해 직원들과의 심각한 마찰을 두려워해서는 안 된다. 자식이 잘못된 길을 걷고 있음에도 마음이 아플 것을 염려해 매를 들지 않거나, 지인에게 상처를 주는 것이 싫어 보증을 서달라는 부탁을 들어주거나, 사람과의 마찰을 싫어해 나의 본질적 가치와 배치되는 행동을 해서는 안 된다.

인생은 항상 아름다운 낙원처럼 펼쳐져 있는 것이 아니다. 때로는 거친 싸움을 해야 하고, 심각한 갈등을 겪을 수도 있다. 사실 세상은 거대한 갈등으로 구성되어 있고, 싸움과 경쟁으로 구성되어 있다. 우리는 지상낙원을 건설해야 하지만 그것은 말로 건설되는 것이 아니다. 그것이 현실화되려면 모든 문제를 극복하며 이루어져야 한다. 그렇기 때문에 현실에서 발생되는 수많은 어려움과 갈등들을 적극적으로 극복하면서 나가야만 한다. 그리고 그 과정은 절대로 아름답고 감동적이지만은 않다. 때로는 입에서 욕이 튀어나올 정도로, 때로는 주먹을 들고 싶을 정도로 화가 날 때도 많다. 아니 때로는 주먹이 아닌 칼을 들어야 할 때도 있다. 마찰을 피하기 위해, 사람 좋다는 소리나 듣기 위해 그 마찰과 갈등의 길을 회피한다면 미래는 없다. 내 마음이 편하기 위해 좋은 게 좋은 것이라는 어중간한 타협은 자신의 인생과 기업 나아가 국가를 파멸로 이끈다.

호주의 바다에서 상어가 나를 잡아먹기 위해 다가온다면 어떤 식으로든 그 상어를 죽여야만 한다. 마음이 아프다는 말은 여기서 통하지 않는다. 신속한 조치를 취하지 않으면 죽음 외에 달리 선택할 길은 없다. 이것은 자연계의 원리이지만 본질적으로 자연계의 속성을 그대로 가지고 있는 인간 사회에도 이 원리는 그대로 적용된다. 본질적으로 세상은 강한 자만이 생존할 수 있고, 승자가 되기 위해서는 전쟁을 거침없이 수행할 수 있어야만 한다. 이 세상의 거대한 원리 그 자체가 바로 마찰과 갈등이기 때문이다. 따라서 본질적으로 지켜야 하는 가치, 승리를 위해 반드시 걸어가야만 하는 길이라면 그 길이 아무리 험난하더라도 피해서는 안 된다. 우리는 모두가 승리할 수 있는 삶, 궁극적으로 인간을 사랑하는 삶을 살아가기 위한 과정에서 필요하다면 기꺼이 악역도 할 수 있어야만 한다. 비록 그 행동에 악惡이 있지만 그것이야말로 우리 모두를 살리는 궁극의 선善이기 때문이다.

우리는 세상의 본질을 붙잡고 가야 한다. 승리하기 위해 올바른 선택을 해나가야 한다. 그 올바른 선택이 때로는 아름답지만은 않을 수도 있다.

그리고 그 모든 선택에 대한 책임은 자신에게 있다는 것을 알아야 한다. 그런 막중한 책임감과 사명감을 가지고 고독한 결단을 내려야 하는 것은 CEO이고, 각자의 인생을 경영하는 CEO로서의 우리이다. 우리는 지평선 너머의 이상을 위해 오늘의 현실에서 치열하게 살아가야만 한다. 이상은 현실에서 이루어지는 것이고, 현실은 언제나 낭만적이고 아름답지만은 않다는 것을 기억

할 필요가 있다. 이상을 꿈꾸는 사람이라면 현실주의자여야 하고, 진정한 현실이 뒷받침될 때만 꿈과 이상은 온전히 이루어질 수 있다.

4장

생활은 단순히, 일에 미쳐라

절박함
그것은 성공의 가장 큰 원동력이다
지금 삶이 굉장히 힘들다면
그것이 바로 당신을 성공하게 만드는
가장 큰 이유가 될 것이다
성공을 원하는가
죽기 살기로 해야 한다
그러면 성공은 거의
이루어진 것이나 다름없다

내가 잘할 수 있는 일을 하자

전한길이 성공한 이유는 무엇일까? 그것은 바로 가장 잘할 수 있는 일을 하고 있기 때문이다. 나는 강의를 잘하고 어머니는 말씀을 잘하신다. 그리고 아버지는 훌륭한 성품을 지니고 있다. 그것을 나는 물려받았다. 그래서 나는 말을 잘한다. 강의가 내게 맞는 일이다.

실패한 이유는 무엇일까? 남을 따라 하려고 했기 때문이다. 내가 잘하는 것이 있는데, 그것을 더 성장시킬 생각은 하지 않고, 남을 따라 하려 했기 때문이다. 왜냐하면 멋져 보였기 때문이다. 나도 그랬다. 사장, 경영! 이것이 강사보다는 멋져 보였다. 그러나 사업과 경영은 내게 맞는 일이 아니었다. 그래서 실패했다. 그리고 다시 내가 잘하는 것으로 승부했고, 성공했다.

막걸리를 잘 만들면 막걸리 집을 차리면 된다. 커피를 잘 만들면 카페를 차리면 된다. 뼈다귀 해장국을 잘 만들면 뼈다귀 해장국을 만들면 된다. 강의를 잘하면 강의를 하면 된다. 다른 것을 하면 안 된다. 잘 못하는 것을 하면 당연히 실패하는 것이 아니겠는가.

나는 명예를 좇고, 사업에 뛰어들었다. 그 판단 자체가 잘못된 것이다. 세상을 살다보면 누구나 시행착오를 겪는다. 왜냐하면 그것을 겪어보기 전에는 인정 하지 않으려고 하기 때문이다. 나는 강의로 성공을 했으니 다른 것도 잘할 것이라고 생각했다. 그래서 시행착오를 겪기 전까지는 자기의 객관적인 실력을 인정하지 않으려고 한다.

내가 성공한 이유는, 내가 잘하는 일을 했기 때문이다. 이것은 나의 어머니와 아버지로부터 물려받은 것이다. 나는 나의 초심을 찾아간 것이다. 그리고 성공을 하려면 자가진단을 잘해야 한다. 괜히 오버하면 안 된다. 자신을 과신하지 말고 잘할 수 있는 것으로 승부해야 한다.

일도 마찬가지다. 지금까지 자신이 해온 일을 해야지, 전혀 새로운 일을 하면 실패한다. 왜냐하면 그 일에 대해서 나의 능력이 검증되지 않았고, 처음부터 다시 배워서 올라가려면 시간이 많이 걸릴 수 있기 때문이다. 내가 잘하는 것으로 승부해야 한다. 그것은 마음이 함께 가는 것이며, 조금만 노력해도 다른 것에 비해 많은 성과를 얻는 일을 말한다. 그것을 더 잘하도록 해야 한다. 그것이 성공을 얻는 길이다.

삶의 기준이 분명해야 한다

내가 성공한 이유는 내 삶에 기준이 있었기 때문이다. 내 삶에는 내가 지켜야 할 10계명이 있다.

전한길의 인생 10계명

1. 정의로운 삶, 선한 삶, 겸손하고 온유한 삶

복 있는 사람은 악인의 꾀를 좇지 아니하며 죄인의 길에 서지 아니하며 오만한 자의 자리에 앉지 아니하고 오직 여호와의 율법을 즐거워하여 그 말씀을 주야로 묵상하는 자로다.

2. 정직하고 성실한 삶

지혜로운 자는 시간을 아끼느니라. 게으른 자의 길은 가시울타리 같으나 정직한 자의 길은 대로이니라.

3. 말은 복을 주기도 하고 독을 주기도 하기에 신중할 것

무릇 더러운 말은 너희 입 밖에 내지도 말고 오직 덕을 세우는 소용되는 대로 선한 말을 하여 듣는 자에게 은혜를 끼치게 하라.

4. 감정 절제

분을 쉽게 내는 자는 다툼을 일으켜도, 노하기를 더디 하는 자는 시비를 그치게 하느니라.

5. 자식의 도리

지혜로운 자는 아비를 즐겁게 하여도 미련한 자는 어미를 업신 여기느니라.

6. 돈벌이의 기준

적은 소득이 의를 겸하면 많은 소득이 불의를 겸한 것보다 나으리라.

7. 겸손한 삶

너의 마음을 다하여 여호와를 의뢰하고 네 명철을 의지하지 말라.

8. 긍정적이고 항상 감사하는 삶
항상 기뻐하라. 쉬지 말고 기도하라. 범사에 감사하라.

9. 강사로서 학생에 대한 강의 기준
사랑으로 가르치라. 사랑이 없으면 소리 나는 꽹과리에 지나지 않는다.

10. 대장부로서의 자존심을 간직하며 긍정적이며 행복한 내 삶의 목표
대장부는 소인배와 논하거나 싸우지 않는다. 나는 나의 여호와로 인하여
기뻐하며 오늘 하루도 다른 사람의 행복을 위해서 무엇을 할 것인가?

내가 '인생 10계명'을 만든 것은 내 나이 서른 때였다. 이것은
도산 안창호 선생이 민족을 위해서, 매일 아침 자신이 정한 계명
을 묵상했다는 이야기를 듣고 깨달은 바가 있어 만든 것이다. 그
리고 나는 나의 인생 10계명을 매일 1회 이상 묵상하고 하루를
시작한다. 이것을 실천한 지도 어느덧 19년이 되었다. 내가 그동
안 스스로에게 비겁하지 않았고, 반칙하지 않고 살아온 것은 내
인생 10계명이 크게 작용했다. 또, 지금처럼 재기 할 수 있도록
힘이 되어주고 항상 내 스스로의 내면의 힘을 키워온 것은 매일

나의 인생 10계명을 묵상하고 실천하기 위해 노력했기 때문이다.

나는 서른 살에 인생 10계명을 정한 이후, 많은 일들이 있었지만, 중간에 인생 10계명을 묵상하지 않은 적은 없었다. 나는 지금도 매일 아침마다 인생 10계명을 소리 내 외친다. 그리고 그것을 19년 동안 반복하고 있다. 그것으로 나는 일관된 삶을 살아올 수 있었다.

사랑으로 수강생을 대하려 했고 소리 나는 꽹과리가 되지 않으려 노력했다. 그리고 사람들이 배신을 하고 화가 났을 때도 10계명 4번째인 '분을 쉽게 내는 자는 다툼을 일으켜도, 노하기를 더디 하는 자는, 시비를 그치게 하느니라'를 외치며 용서를 했다. 또, 10계명 10번째인 '대장부는 소인배와 논하거나 싸우지 않는다. 나는 나의 여호와로 인하여 기뻐하며 오늘 하루도 다른 사람의 행복을 위해서 무엇을 할 것인가?'를 외치면서 싸우지 않았다.

한나라의 대장군 한신이 소인배들의 가랑이를 지나갔듯이 나는 굴욕을 당해도 좋다고 생각했다. 그것은 나의 자존감이 높았기 때문이다. 소인배들을 보고 나는 자비를 생각한다. 자비는 자비慈悲이다. 사랑 할 자에, 슬퍼할 비이다. 사랑하고 불쌍히 여기는 것이다.

성공을 하고 나면 성공에 대한 공격이 굉장히 많다. 나도 마찬가지다. 나는 싸우지 않는다. 상대방이 송곳이라면 나는 스펀지다. 상대방이 공격을 하면 나는 다 받아준다. 내가 송곳이 되면 둘 다 찌르게 되어 서로 상처를 입게 된다. 그러나 내가 스펀지가 되어 상대방의 공격을 다 받아들이면, 아무도 상처를 입지 않는다. 송곳을 빼면 원상복구가 된다. 어느 누구도 상처를 입지 않는다. 그렇다면 승자는 누구일까? 바로 스펀지다. 왜냐하면 송곳은 찔렀음에도 불구하고 얻는 것이 없기 때문이다. 지금도 나는 10계명을 외치며 나의 길을 걸어가고 있다. 지난 19년 동안 나를 이끌어온 나침반이고, 앞으로도 10계명은 나를 지켜줄 것이다.

내가 서울 노량진에서 자리를 잡는 데 4년이나 걸렸다. 그동안 고생을 많이 했다. 나는 서울에 올라올 당시 빚이 많았다. 또, 처음부터 수강생들이 몰린 것이 아니었다. 그리고 나는 경북대 출신인데 지방대 출신이 서울대 출신을 이기려면, 그들보다 몇 배나 더 노력을 해야 한다. 나는 이렇게 비유하고 싶다.

'지방대 출신이 서울대 출신을 이기는 것은 달리기 경기를 하는데 서울대 출신은 트랙 안쪽을 달리고, 지방대 출신은 트랙 바깥을 달리는 것이다. 즉, 서울대 출신보다 적어도 3배, 5배 이상 노력을 해야만 그들을 이길 수 있다.'

노량진에 오기 전에는 메가스터디에서 강의를 했고, 서울에서 강의를 한 적이 있다. 노량진으로 왔을 때, 내 삶에서 보장된 것은 아무 것도 없었다. 그러나 나는 반드시 성공할 것이라는 믿음을 가지고 있었다. 그리고 최선을 다했다.

그리고 내가 삶의 밑바닥으로 떨어졌을 때, 잃지 않으려 했던 3가지가 있다. 그것은 바로 첫째는 건강이며, 둘째는 가정이다. 셋째는 다시 일어날 수 있다는 희망이었다.

나는 힘든 상황이었지만, 이 3가지는 절대로 잃지 않으려고 했다. 항상 건강하려고 노력했다. 그래서 매일 반신욕을 했다. 그리고 이것을 19년간 빼놓지 않고 실천했다. 그리고 어떤 일이 있더라도 가정이 깨지지 않도록 최선을 다했다. 보통 남편이 사업을 하다가 20억 원을 빚지게 되면, 자칫 가정이 붕괴될 수도 있다. 그러나 나는 어떤 일이 있더라도 가정의 붕괴가 있어서는 안 된다고 생각했고, 그래서 가정을 지켰다. 그리고 다시 일어날 수 있다는 희망을 가지고 있었다. 항상 자신감이 넘쳤다. 그렇게 나는 20억 원의 빚더미 속에서 나를 지켜냈다.

여러분도 그렇다. 건강을 잃지 않고, 가정을 잃지 않고, 다시 일어날 수 있다는 희망을 잃지 않는 한 여러분은 반드시 일어날 수 있을 것이다. 내가 그랬던 것처럼 여러분도 해낼 수 있다.

성공할 수 있다는 자기 마법을 걸어라

성공을 하려면 자기확신을 걸어야 한다. 상황이 불리할수록 자기확신을 더 강하게 걸어야 한다. 즉, 마법을 걸어야 한다. 예를 들면 권투선수가 링 위에 올라간다. 그때 내가 상대방보다 약하다고 생각하면 이기지 못한다. 나는 무조건 이긴다는 생각이 있을 때 펀치도 자유롭게 나올 수 있고, 승리를 거둘 수 있다. 실제로 나도 그랬다. 내 학벌은 서울대 출신보다 부족하지만 나는 내 열정에 믿음이 있었다. 어떤 사람이 와도 나는 너보다 더 열심히 할수 있다는 자신감, 그것 하나로 나는 객관적인 스펙을 극복할 수 있었다. 나는 평범하니까, 자신감과 열정으로 극복을 한 것이다.

그리고 끊임없이 나 스스로에게 마법을 걸었다. 언젠가는 내

진심을 반드시 알아줄 것이라는, 그런 믿음 하나로 강의를 했다. 즉, 내 편이 되어 줄 고객이 있을 거라고 나는 믿은 것이다. 지금은 내 강의를 듣는 사람이 전국에서 가장 많지만, 처음 노량진에 올 때만 해도 거의 없었다. 그러나 나는 최선을 다하고 노력하면, 반드시 잘될 것이라는 믿음이 있었다. 그런 최면과 마법을 내 자신에게 계속 걸었다. 결국 정상으로 올라오는 데 4년이 걸렸다. 이 4년 동안 많은 일들이 있었고, 난관들이 많았다. 그러나 나는 이 또한 내 삶의 일부이고, 그동안 겪었던 고생에 비하면 아무 것도 아니라고 생각하고, 계속 내 페이스를 유지해 나갔다. 그리고 결국 승리했다.

내가 이 책을 쓰는 이유는 오직 하나밖에 없다. 내가 이 책을 출간해서 돈을 벌려는 생각은 없다. 오직 하나, 누군가에게 선한 영향력이 될 것이라는 믿음으로 책을 쓰는 것이다. 며칠 전 순천에 지방설명회를 간 것도 같은 맥락이다. 그곳은 내 돈을 쓰러 간다. 몸이 피곤하지만 가는 이유가 있다. 내 이야기를 들을 학생이 한 명이라도 있으면 나는 간다. 그것은 선한 영향력이 될 것이기에. 그것이 내 인생 10계명에도 들어 있는 것이다. 도산 안창호 선생에게 배워서 가는 것이다. 도산 안창호 선생은 아침마다 조국의 청년들을 위해서 오늘 아침 내가 무엇을 할 것인가를 묻고 시작했다. 나도 그렇다. 오늘, 다른 사람을 위해서 내가 무엇을 할 것인가를 묻고 하루를 시작한다. 그렇게 일관되게 내 길을 걸어왔다. 강의를 할 때든, 설명회를 갈 때든, 그렇다.

나는 누군가에겐 선한 영향력이 될 것이다. 내 강의가 도움이 되는 사람은 언젠가는 나타날 것이다. 내 강의로 인해 인생이 바뀌었다는 수험생이 반드시 나올 것이다. 나는 그 믿음으로 살아왔다. 그리고 그 강한 마법이 나를 성공의 반열에 올려놓았다. 내가 생각한 대로, 내가 말한 대로, 내가 외친 대로, 내 믿음대로 모두 이루어진 것이다. 성공을 하려면 실패에 대해서는 단 한 번도 생각하지 말고, 자기 자신을 믿고 가야 한다. 그러면 반드시 이루어진다.

나는 19년 동안 매일 일기를 썼다

내가 서른부터 지금까지 19년 동안 하루도 빠짐없이 해 온 것이 세 가지가 있다. 인생 10계명을 매일 아침마다 소리 내 외치면서 하루를 시작하는 것이다. 또, 아침마다 반신욕을 하고, 성경을 읽으면서 묵상을 한다. 그리고 매일 일기를 쓴다. 이 세 가지를 나는 지난 19년 동안 하루도 빠짐없이 실천했다.

심지어 밤늦게까지 강의를 하고, 술을 먹은 날에도 일기를 썼다. 굉장히 피곤하고 힘든 날에는 그 다음날이라도 꼭 일기를 썼다. 일기장은 나를 객관적으로 돌아보고, 반성하게 하는 성찰省察이기 때문이다. 사람은 자기가 잘났다고 생각하면 실패한다. 우리는 얼마나 부족하고 모자란 존재인가. 그것을 매일 돌아보며, 내일은 더 나아지자고 다짐하는 것이 일기이다. 오늘 있었던 일에 대해서 기록하고, 그에 대한 내 생각을 적고, 다짐을 하면서 19년 동안 살아왔고, 그것이 내가 성공한 이유라면 이유이다.

나는 학창시절부터 기록맨으로 불렸다. 또, 의미맨으로 불렸다. 언제나 기록을 하고, 어떤 작은 일에도 삶의 의미를 발견하려고 했기 때문이다. 19년 동안 빠짐없이 일기를 쓰며 나를 돌아보는 것은 쉽다면 쉬운 일이지만, 위대한 일이라면 위대한 일이다. 자신을 돌아보고, 하루의 일과를 돌아보며 반성하고, 생각해보는 시간을 가지는 것이다. 그리고 내일은 더 나은 삶을 살아가자고 다짐을 하는 것이다. 그렇게 하면 삶은 달라질 수 있다고 믿는다.

이순신 장군의 『난중일기』도 그렇게 나온 것이다. 이것은 세계 기록유산이다. 나에게도 초·중·고에서 대학교까지 남긴 3백 페이지짜리 일기장이 17권이고, 지금은 작은 노트로 45권을 가지고 있다. 삶의 기록을 남긴다는 의미도 있지만 내 삶은 너무 소중하기 때문이다. 만나는 사람과 소중한 순간을 잊지 않고 싶어서 적은 것도 있다. 그리고 그 모든 것은 나를 생각하는 인간으로 만들어주었고, 성공으로 이끌었다는 생각이 든다. 나는 지금도 누구와 대화를 하더라도 메모를 하고 사진을 찍는다. 기록으로 남기고 싶기 때문이다. 그리고 매일 일기를 쓴다. 그렇게 함으로써 반성할 줄 아는 삶을 살아간다.

감사를 생활화하라

그대는 지금 행복한가? 아니면, 행복하지 않은가? 그대가 만약 행복하지 않다면, 감사하지 않기 때문이라고 말하고 싶다. 행복하다면, 감사하고 있기 때문이다.

나는 강의를 함으로써 행복하다. 그리고 내 강의를 듣는 사람도 행복했으면 좋겠다. 우리는 행복해야 한다. 그렇다면, 어떻게 하면 행복해질 수 있을까? 간단하다. 만나는 사람들과 모든 일들에 대해서 감사하면 된다. 행복은 감사에서 나온다. 불행하다면, 감사하지 않고 교만해서 그렇다. 가진 것이 많음에도 불구하고 가지지 못한 것에 대해서 불평불만을 하기 때문이다.

공무원 준비생들은 내게 이런 질문을 한다.

"선생님, 저는 돈도 못 벌고, 이루어놓은 것도 없고, 아무도 알아주지도 않고, 경제적으로 힘들고, 독립하지 못했습니다. 선생님, 저에게 감사할 일이 무엇이 있을까요? 매일이 힘든데 말입니다."

나는 이런 질문을 받으면 이렇게 말한다.

"네가 아직 몰라서 그렇다. 네가 가진 것이 얼마나 많은가? 너는 첫째, 살아 있지 않느냐. 네가 가진 가장 큰 가치는 청춘이다. 청춘은 미래를 향한 도전정신으로 새로운 분야를 개척할 수도 있다. 청년들은 성공의 가능성을 찾아 여러 가지를 선택할 수 있는 카드가 있지 않은가?"

나도 마찬가지로 많은 청년들이 부러워하는 위치에 올랐지만, 어느덧 흰머리가 수북하고, 노안이 와서 글씨도 잘 안 보인다. 또 죽음에 훨씬 더 가까이 와 있다.

우리나라에 보릿고개가 없어진 것이 불과 1970년이다. 그전에는 절대빈곤 속에서 살았다. 그때 사람들은 밥만 먹어도 여한이 없었다. 밥 안 굶는 것, 그것이 삶의 목표였다. 지금은 밥 굶는 것으로 고민하는 사람이 훨씬 줄었다. 이런 행복을 누리면서도 불행하다고 생각한다면, 그것은 교만해서 그렇다.

일상에서 늘 감사함을 발견해야 한다. 찾아보면 감사할 것이 무한대로 있음을 발견할 것이다. 그 감사함이 있을 때 우리는 행복할 수 있다. 행복은 가진 것을 늘리는 것이 아니라, 지금 있는 것에 감사함을 느낄 때 주어지는 것이다. 우리는 행복하기 위해서 살고 있다.

절박함이 성공을 만든다

절박함, 그것은 성공의 가장 큰 원동력이다. 지금 삶이 굉장히 힘들다면, 그것이 바로 당신을 성공하게 만드는 가장 큰 이유가 될 것이다.

내가 대구에서 서울 노량진에 올라온 것은 어쩔 수 없는 선택이었다. 서울에 올라오기 싫었다. 대구는 내게 익숙한 곳이었고, 편안한 곳이었다. 나는 대구에서 가장 인기 있는 강사였고, 대구에서 가장 큰 학원을 경영해봤으며, 1년에 3억 원 이상의 수입을 올렸다. 나는 대구에서 대학도 졸업했고, 모든 것이 편안하고 좋았다. 그러나 대구에서는 미래가 없었다. 먹고살 수는 있었지만,

평생 동안 빚을 갚지 못할 것이 뻔했다. 결국 나는 서울로 올 수밖에 없었다. 내 스스로의 가능성을 열기 위해서 지금 당장은 고생을 하더라도 반드시 서울로 왔어야 했던 것이다. 그때 서울로 올 때는 절박한 마음이었다.

서울에 오기 전 이상민 작가와 함께 새벽 3시에 대구 범어산을 함께 걸으며 이야기를 나누었던 추억이 있다. 그때 나는 이상민 작가에게 이런 말을 했다. "어둠 속에서 걸을 수 있는 것은 앞에 평지가 있다는 믿음 때문이다. 절벽 위에서 뛰어내릴 수 있는 것도 그 밑에 안전한 무언가가 있다는 것을 믿기 때문이다. 믿으면 아무 것도 보이지 않는 칠흑 같은 어둠 속에서도 용감하게 앞으로 나갈 수 있다. 우리에게는 그런 믿음이 필요하다."

성공은 절박함에서 나온다. 궁하면 통한다. 이상민 작가도 2016년 새로운 비전을 만들기 위해서 서울에 왔고, '강의가 실패하면 한강에 뛰어 들겠다'는 말을 만나는 사람들에게 했다. 그리고 곧바로 성공을 했다. 지금 이상민 작가는 〈이상민 책쓰기 연구소〉를 운영하며 다양한 사업을 성공적으로 이끌고 있다.

마음이 절박한가, 그렇다면 성공은 거의 보장된 것이나 다름없다. 그리고 이 절박함은 계속 유지되어야 한다. 초심을 잊지 말고 가야 한다. 처음의 설렘을 잊으면 안 된다. 그 마음을 계속 가지고 가야 한다. 나의 경우에는 이 마음을 계속 유지하기 위해서 영화 《벤허》와 《글래디에이터》를 수십 번 보았다. 그리고 대구에 있을 때는 강산에의 〈넌 할 수 있어〉를 6개월 동안 들었다. 스스로 자기최면, 마법을 걸고 있었던 것이다. 그것은 절박함을 잊지 않기 위해서였다.

성공을 원하는가? 죽기 살기로 해야 한다. 그러면 성공은 거의 이루어진 것이나 다름없다.

나는 지금 어디에 있는가

나는 지금 한국에서 가장 강의를 적게 하는 사람이면서, 가장 많은 수입을 올리는 강사가 되었다. 왜냐하면 그렇게 될 수 있는 시스템을 만들었기 때문이다.

내 수험생들은 대부분 인터넷으로 강의를 수강한다. 인터넷 강의는 한번 녹화 해두면 10만 명이건, 20만 명이건, 무한대로 강의를 들을 수 있다. 나는 현재 인터넷 강의에서 안정적인 수입과, 책 인세도 상당하다. 작은 성공은 개인의 노력으로 얻을 수 있지만, 큰 성공은 하늘이 내리는 것이다. 나는 물론 작은 성공을 거둔 사람이지만, 성공은 운이 따라야 함을 알고 있다.

지나고 보면, 모든 것은 운명이었다는 생각이 든다. 사람들은 노력만 하면 성공한다고 생각한다. 그러나 실상은 그렇지 않다. 능력이 안 되면 성공할 수 없으며, 그 능력이 빛날 수 있는 외부 조건이 만들어져 있지 않으면 안 된다. 특히, 성공은 수많은 경쟁의 결과물이라는 점에서 외부의 조건이 매우 중요하다. 상대방보다 내가 잘하면 경쟁에서 이길 수 있기 때문이다. 그렇기 때문에 외부의 조건, 역량, 상황 등이 매우 중요한 것이다. 결국 경쟁자보다 조금 더 잘하면 경쟁에서 이길 수 있는 것이 경쟁의 원칙이라면, 상대방의 상황과 외부의 조건이 매우 중요하게 작용하는 것이다.

나의 성공과 실패도 그렇다. 나는 어떻게 성공했는가? 바로 강의와, 인간성, 열정이다. 나는 이 세 가지로 성공했다고 해도 과언이 아니다. 다른 것은 부차적인 것이다. 먼저, 나는 강의를 매우 잘한다. 즉, 강의력은 내가 타고난 분야이다. 이것은 영업력하고는 다르다. 나는 영업은 맞지 않다. 즉, 말을 잘하더라도 학문적인 무언가를 설명하는 능력과 물건을 파는 능력은 그 메커니즘이 다르다. 그러나 무언가를 배워야 하는 것을 설명하는 것은 잘하며, 내게 맞다. 그리고 나는 인간적이다. 또, 나는 내가 월세를 사는 상황에서도 전도유망한 학생을 후원했다. 나는 강의실에서 죽는 한이 있더라도 늘 최선을 다해야 한다는 생각으로 살아왔고, 그래서 그 열정에 많은 사람들은 공감을 했다. 나는 가난했고, 그 가난을 극복하고 싶었다. 그래서 죽기 살기로 했다. 또, 내게는 꿈이 있었다. 수많은 학생들에게 긍정적인 영향을 주고, 그로 인해 한국이 더 나은 사회가 되기를 희망했다. 그런 열망이 내게 있었고, 그것은 나를 더 부지런하고, 최선을 다하는 삶으로 이끌었다.

성공은 외부적 요소가 매우 크게 작용한다. 나 혼자 힘으로 얻을 수 있는 것이 아니다. 나도 그렇다. 내가 성공한 것은 성공의 내부적인 요소인 강의력, 인간성, 열정이 있었고, 외부적인 요소가 뒷받침되었기 때문이다. 즉, 처음에 성공을 했을 때는 대구라는 지방이었고, 오프라인 강의가 활발하게 꽃피고 있던 때였다. 대구는 서울에 비해 경제적 수준이 높지 않고, 지방이기에 서울보다는 상대적으로 학생들이 인간적이다. 즉, 성공을 할 수 있는 여건이 무난하게 갖추어진 셈이다. 학생들도 정서적으로 코드가 나와 맞고, 나의 인간미가 학생들에게 그대로 맞아떨어지면서 나는 성공하게 되었다.

서울에서의 성공도 마찬가지이다. 노량진에 처음 올라가서 많은 고생을 했지만, 결국 공무원 강의는 내가 이길 수밖에 없는 게임이었다. 왜냐하면 공무원 준비생들은 인간적인 내 정서에 맞았다. 결국 내 코드와 통하는 것이다. 인간적인 나의 본질이 그대로 빛을 발할 수 있고, 경북대를 나온 나의 학벌도 크게 문제가 되지 않았다. 내가 최선을 다해서 강의하고 강의력으로 승부를 하면 반드시 이길 수 있는 곳이었다. 그리고 정부정책이 바뀌면서 경찰시험에 한국사가 포함이 되어 수험생이 대거 증가했다. 이것도 대구에서의 실패사례와 무서울 정도로 똑같다. 대구에서 내가 실패를 한 것 중에 하나도 정부정책이었다. 즉, 그전에는 정부정책에 의해서 인문계의 모든 학생이 내 강의를 듣도록 되어 있었는데, 역시 정부정책이 바뀌어 인문계 수험생 중 일부만 내 강의를 듣도록 변화된 것이다. 그래서 수험생이 크게 줄어든 것이다.

따지고 보면, 그렇다. 나의 성공은 보이지 않는 손, 보이지 않는 힘에 의해서 결정이 된 것이다. 그리고 내가 성공할 수 있는 판에 왔기 때문에 성공을 한 것이다. 공무원 수험생을 가르치는 곳은 나의 인간적인 특성, 나의 열정, 나의 강의력이 모두 빛을 발할 수 있는 곳이다. 지금은 공무원 수험생이 대한민국 광복 이후 가장 많은 때이다. 즉, 공무원 준비생이 가장 크게 증가한 역사적인 순간을 맞이했고, 그것이 내게 호재로 작용하고 있는 것이다. 무언가 설명할 수 없는 모든 조건들이 톱니바퀴처럼 한 치의 오차도 없이 들어맞으면서 나는 성공을 거두게 되었다.

그런 면에서 우리는 운명 앞에 겸손해야 한다. 내가 모든 것을 다 할 수 있다고 말하는 어리석음을 버려야 한다. 내가 열심히 하고 외부조건이 나를 도와야만 성공할 수 있다. 그렇기 때문에 내가 지금 어디에 있는지를 잘 살펴보아야 한다. 성공할 수 있는 판에 있으면 성공하고, 실패할 수 있는 판에 있으면 실패를 할 것이기 때문이다.

'나는 지금 어디에 있는가?' 이 질문을 해야 하는 것이다. 그리고 '나는 누구인가?' 먼저 나를 잘 알아야 한다. 즉, 나를 잘 알고, 외부상황을 잘 알아야 성공할 수 있다.

무풍지대는 없다

무엇을 하든 경쟁자는 나타난다. 심지어 나에게 배운 수강생이 한국사 강의를 하고, 직원으로 일하던 사람이 경쟁자가 되어 나타나기도 한다. 어쩔 수 없는 일이다.

그렇다면, 경쟁자를 어떻게 보아야 할까? 모든 경쟁자는 선의의 경쟁자이며 나는 지금까지 경쟁자를 단 한 번도 적이라고 생각해본 적이 없다. 경쟁자들은 멀리 보면 함께하는 동반자이다.

한국사 강의에 수많은 사람들이 뛰어들고 있는 것은 시장이 있기 때문이다. 즉, 먹을 것이 있기 때문에 사람들이 오는 것이다. 만약, 경쟁자가 아무도 없다면? 그것은 이 판에 먹을 것이 없다는 것이다. 즉, 나 혼자만 이곳에 있다는 것은 시장이 없다는 것을 말하고, 그러면 내가 아무리 강의해도 성공하지 못한다. 수업을 들으러 오는 사람이 없기 때문이다. 즉, 강의는 나 혼자 있으면 안 된다. 내 옆에 다른 강사들이 받치고 있기 때문에 잘되는 것이다. 그 강사들이 있기 때문에 사람들이 모여들고, 그 안에서 내가 비교우위를 지키니 성공을 하는 것이다. 그렇기 때문에 나는 경쟁자들에게 개인적으로 감사하게 생각하고, 미안한 마음이 있다. 이런 것이 선의의 경쟁자다.

장사를 하든, 사업을 하든, 직장 내에서 일하는 동료 간에도 경쟁자는 존재한다. 경쟁자가 없는 사람은 없다. 무풍지대는 어디에도 없기 때문이다. 챔피언이 되었다면 챔피언 벨트를 지키기 위해서 도전자의 도전을 받는 것은 당연한 일이다. 그렇게 방어전을 치러내야 한다. 그 속에서 난타전이 벌어지고, 싸워서 이겨야 한다. 그 정도의 일은 당연하다.

지금 내 옆에 있는 경쟁자들이 미운가? 그렇다면 생각을 바꾸는 것이 좋다. 시장이 있기 때문에 그들이 있고, 그들이 떠나면 시장이 없는 것을 의미하기 때문이다. 그리고 경쟁자가 있기 때문에 시장이 더 타오르는 것도 있다. 그런 면에서 경쟁자를 동반자라고 생각하고, 그들보다 비교우위를 가지도록 노력을 해야한다. 결국, 내가 그들보다 비교우위가 되면 승리할 것이기 때문이다.

우리 모두는 장사꾼이요, 사업가다. 직장인도 그렇다. 직장인도 고객에게 무언가를 팔아야 하는 일의 최전선에 있는 사람이다. 공무원도 시민의 종으로 시민을 위해 일해야 한다. 우리는 고객에게 무한감동을 줘야 한다. 어떻게 하면 내 고객을 만족시킬 것인가? 나는 우선 최선을 다해서 강의를 한다. 그리고 강의가 끝나고 나서 합격한 수강생에게는 〈합격패〉를 만들어서 선물을 한다.

원래 수강생이 합격을 하면 선생에게 감사의 인사를 하는 것이 맞다. 그런데 나는 선생인 내가 학생에게 〈합격패〉를 선물한다. 발상의 전환이다. 공무원 합격생의 거의 대부분이 내 강의를 듣기 때문에 한 달에 〈합격패〉 제작비만 천만 원이 넘게 들지만, 나는 기쁜 마음으로 〈합격패〉를 만들어 증정한다.

또, 합격생들에게는 책도 선물한다. 그리고 교재개발에 최선을 다한다. 나만이 갖고 있는 콘텐츠, 그것을 공개한다. 특히 나의 비장의 무기였던 『전한길 합격노트』는 공개를 하고 싶지 않았지만, 수강생을 무한대로 만족시켜야 한다는 생각에 공개를 했다. 그 이후 공무원 수험계의 공부방식에 일대전환이 이루어졌다.

요즘에도 순천, 원주까지 설명회를 자원해서 간다. 그런 곳은 내가 돈을 벌기 위해서 가는 곳이 아니다. 돈을 쓰고, 도움을 주기 위해서 간다. 수험생의 무한감동을 위해서 가는 것이다. 그렇게 나는 수험생의 무한감동을 위해서 노력을 멈추지 않는다.

고객관리는 한 손에는 꿀을, 한 손에는 칼을 쥐고 해야 한다.

대장부는 실수를 하면 안 된다

영화 〈대부〉를 보면 이런 말이 나온다. '여자와 아이는 실수를 해도 된다. 그러나 남자는 실수를 하면 안 된다. 남자는 주도면밀해야 한다.' 이때 여자와 아이는 부하직원으로 볼 수 있고, 남자는 가장, 사장, 대장을 의미한다고 할 수 있다. 가장, 사장, 대장이 실수하면 어떻게 될까? 조직이 다 무너지며, 끝이다. 즉, 지도자는 주도면밀해야 한다. 책임자는 달라야 하고 치밀해야 한다.

지금까지 전한길이 성공한 데에는 치밀함이 있었기 때문이다. 지금 〈전한길 한국사〉 카페의 경우 회원수가 35만 명이 넘는다. 왜일까? 나는 글 하나도 예사로 올리지 않는다. 치밀하게 생각한

후, 글을 올린다. 또, 수업을 할 때에도 치밀함을 토대로 강의를
한다. 또, 모든 결정 하나하나를 치밀하게 한다. 왜냐하면 30대
까지는 실패를 하고, 수십억 빚을 져도 일어설 수 있지만, 40대에
수십억 빚을 지면 일어서기가 거의 불가능하기 때문이다.

그래서 나는 실수를 하지 않기 위해 두 번, 세 번 생각을 한 후,
결정을 한다. 대구에서 한 번 사업에 실패한 이후, 나는 매사에
신중해졌다. 집을 얻는 문제도 신중했고, 학원강사로 계약을 할
때도 신중히 결정하고, 강의를 진행하는 것도 그랬다. 출판사에
서 출판계약 요청이 많았지만, 그때도 내가 감당할 수 없다고 생
각되면 출판계약을 거절했다. 또, 방송국의 출연요청과 드라마
출연요청도 거절했다. 이 모든 것은 오지랖일 수 있기 때문이다.
실패 이후, 나는 굉장히 신중해지고 조심스러워졌으며, 더욱 무
겁게 결정을 내리는 것이다. 결정을 내린 이후에는 책임을 져야
하기 때문이다.

자본주의 사회에서 성공을 한다는 것은 어떤 의미일까? 인생을
매우 신중하고, 책임 있는 자세로 살아가고 있다는 것을 말한다.
돈이 그 사람의 모든 것을 보여주는 것이라고 할 수는 없지만, 자
본주의 사회에서는 현재 그 사람의 재산유무는 그 사람이 얼마나

신중하고 조심스럽게 삶을 살아가고 있는지를 보여주는 기준이라고 할 수 있다.

나는 젊을 때 실패를 했다. 그것도 큰 실패를 했다. 자만했고, 오만했으며, 방심했기 때문이다. 그리고 이제는 더 크게 일어섰다. 그러나 실패 이후에 일어서는 것이 매우 힘들다는 것을 알고 있다. 나도 죽을 고비를 많이 넘겼다. 사람들은 성공만 보지만, 그동안 힘든 일들도 많았다. 우리는 신중하고 치밀해야 한다. 그리고 모든 난관을 다 뛰어 넘어야 한다. 싸워서 이겨야 한다. 지면 안 된다. 가난과 실패를 경멸해야 한다. 절대로 그것들을 허락해선 안 된다. 그러기 위해선 치밀해야 한다. 매사에 신중하고 확실해야 한다. 여러분들도 매사에 치밀하고 신중하길 바란다. 그럴 때 좋은 결과가 나올 수 있다.

삶은 결국 선택과 행동으로 이루어지며, 그 성패는 신중함과 치밀함에서 나온다. 그 점을 알고 매사에 더 치밀하고 치밀하기를 바란다. 결국 이 속에서 시행착오를 겪을 수밖에 없다. 그러나 시행착오는 최소화하고 최대한 빠른 시간 내에 성공으로 가기를 바란다. 그러기 위해선 다각도의 분석과 고려가 필요하며, 강철 같은 심장도 반드시 필요하다.

진정한 성공은 쓰러질 때 마다 일어나는 것이다

지금 어려움을 겪고 있다면
많은 고민 속에 있다면
해답이 보이지 않는다면
모든 답은 자기 자신 안에 있다
이미 자신은 답을 알고 있다
눈을 감고 자신이 원하는 꿈
자신이 알고 있는 정답
처음에 다짐했던 뜻을 떠올려보고
다시 한 번 힘차게 도전해야 할 때이다

진정한 성공은 쓰러질 때 마다 일어나는 것이다

'우리 인생에서 최대의 영광은 한 번도 실패하지 않는 것이 아 니라 쓰러질 때마다 다시 일어서는 데 있다.'

영국의 작가인 골드스미스의 말이다. 그렇다. 실패는 결론이 아니다. 실패를 한 것이 문제가 아니라, 주저앉아 있는 것이 문제 다. 실패하면 다시 일어서면 된다. 무엇보다 실패하기 전에 실패 를 경험한 것처럼 사는 게 중요하다. 실패를 경험한 것처럼 산다 는 것은, 밑바닥 생활을 마다하지 않는 것이다. 실패하면 어떻게 되는가? 도저히 재기할 방법이 없으면 폐지를 주워서라도 살아야 한다. 그런 정도의 절박한 자세로 산다면, 사실상 못할 게 없다.

세무사이자 4개 회사의 대표인 오카모토 시로는 그의 저서 『회 사에 돈이 모이지 않는 이유』에서 이렇게 말한다.

'어떻게 하면 자신이 가진 재산을 지킬 수 있을까? 라는 질문에 대한 답은 무작정 일류를 따라하지 않고 삼류의 가치관으로 생활하는 것이다.' 나 역시 철저히 공감한다. 실패를 해보니 밑바닥 생활을 하면서 돈이 새는 것을 철저하게 막아야 하는 것의 중요성을 절감했다. 수비에 성공해야 공격도 의미를 가지게 되기 때문이다.

밑바닥에서 일어서려면, 좋은 사람이 되는 것도 포기를 할 필요가 있다. 다시 말해 남들에게 좋은 말을 듣거나 멋진 말을 듣기 위해 시간과 돈을 쓰는 것은 지양해야 된다는 말이다. 실패를 해서 아무것도 없는 사람이 허세를 떨 여유란 전혀 없다. 일을 할 때도 좀 깐깐하게 해서 한 푼이라도 더 벌거나 덜 써야만 한다. 그래야 할 시점이기 때문이다.

세상으로 나가면 누구도 자신을 지켜주지 않는다. 오직 자신만이 자신을 지켜줄 수 있다. 그리고 실패에서 성공으로 나아가기란 결코 녹록치 않다. 그러므로 실패를 한 사람이라면 이 사실을 명심해야 한다. '자신의 소비를 극도로 줄여야 한다. 그리고 자존심을 포기하고 좋은 사람이 되는 것도 포기해야 한다.' 자신이 하고 있는 일에 집중하면서 이런 생활을 조금만 감내하면 나중에는 자존심을 지킬 수 있게 되고 좋은 사람이 되게 된다. 그러나 처음부터 자존심을 내세우고 좋은 사람이 되고자 한다면, 나중에는 자존심을 잃은 나쁜 사람이 되게 된다. 그렇기 때문에 인생의 우선순위를 명확히 알아야 하고 실패한 이후에는 밑바닥 생활을 감내하면서 일을 해야만 한다. 그래야만 새로운 희망의 빛이 떠오를 수 있기 때문이다.

지금 우리사회는 무척 어렵다. 한국의 20대는 88만 원 세대, 이태백 세대이며 30대도 삼팔선 세대로 많은 어려움을 겪고 있다. 40대도 희망을 잃은 가난한 아빠가 되었으며, 50대도 하우스푸어가 되어 있다. 한마디로 한국은 수많은 사람들이 희망을 잃어가고 있다. 그런데도 외식업체나 관광지, 주말 대형마트를 가보면 흥청망청이다. 빚을 내 생활하는 집도 부지기수다. 외식도 해야 하고 아이들 학원도 보내야 하니 생활의 규모만 잔뜩 부풀려져 있다.

경제가 바닥을 쳐야 사회 전체가 정신을 차리고 올바른 방향으로 나아갈 것이다. 그전까지는 상황이 더 어려워질 것이다. 따라서 젊은이들은 취업을 하고 자리를 잡고 중산층이 되기가 점점 더 힘겨워질 것이다. 하지만 불만만 터뜨리고 있다가는 자기 인생이 모두 끝나버릴 수도 있다. 남 탓을 하기보다는 자기 탓을 먼저 해야 한다. 어차피 어려운데 '나만 어려운 것이 아냐! 이왕에 덤빈

거면 제대로 하자'고 오기를 다져야 할 때이다.

경영의 신이라 불리는 마쓰시타 고노스케는 '불황이야말로 최고의 기회'라고 말했다. 일류기업과 삼류기업 간의 명암이 뚜렷해진다는 것이 그 이유였다. 불황에는 소비에 신중해지기 마련이다. 최고의 기업만이 소비자들의 선택을 받게 된다. 마찬가지로 불황에는 채용에도 신중해진다. 최고의 인재만이 기업들의 선택을 받게 된다. 따라서 이럴 때일수록 큰 기회다. 일류 인재와 삼류 인재 간의 명암이 뚜렷해지기 때문이다. 호황일 때에는 모두가 채용이 되고 승진이 되지만, 불황이 되면 흔히 말해 변별력이 생긴다. 소수가 더 많은 파이를 가져가게 된다. 준비된 인재는 더 큰 도약을 하게 된다.

앞으로 우리 사회가 지향해야 할 바는 빈부격차가 해소되는 쪽으로 가야 한다. 사회가 진보하면 반드시 그 방향으로 가게 돼 있다. 그러나 지금 당장은 아니다. 따라서 남들 걱정이나 하고 있거나 혹은 당위성을 외치며 자기 계발을 게을리한다면, 정작 자신의 미래는 없게 된다. 사회를 바꾸는 것은 정치인들의 몫이다. 따라서 나 대신 사회를 바꿔줄 사람을 현명하게 선출하면 된다. 남탓이나 사회 탓을 할 시간에 자신의 할 일을 최고로 해내야 한다. 그것이 우선되어야 자신이 성공할 수 있다. 사회 탓, 재벌 탓만

하고 정작 자신의 일에 미치지 않는 사람은 미래가 없다. 분명 올바른 시대정신을 가지고 이 사회를 변화시켜야 하지만 어느 정도의 여유가 있은 후의 일이다. 지금 당장 끼니를 때우기도 힘들고, 부모 봉양하기도 힘들며, 자식 뒷바라지하기도 힘든 사람이 분수를 망각한 채 사회변화를 논한다면 어불성설이다. 순서가 틀려도 한참이나 틀렸다. 성공은 성공만을 바라보고 목숨을 걸고 뛰어도 쉽지 않은 것이다. 그런데도 한눈을 판다면 그 사람에게는 미래가 없다.

지금 이 시대는 고용불안의 시대다. 따라서 대기업이 오히려 불안정할 수 있다. 10~15년 일하면 대부분 직장에서 나와야 한다. 결국 자기 사업을 해야 하는데, 성공하기가 쉽지 않다. 따라서 직장에 있는 동안, 미리미리 준비를 해야 한다. 그런 면에서는 오히려 중소기업이 더 유리할 수 있다. 중소기업은 일을 골고루 다 배우기 때문이다.

대기업에서는 피자 조각 중 하나에 해당하는 일을 한다면, 중소기업에서는 피자 전체에 해당하는 일까지 하게 돼 실전 면에서 오히려 더 나을 수 있다. 그런데도 체면 때문에 대기업에서 일하고 싶어 한다. 하지만 진짜 꿈이 있는 사람은 중소기업에서 일을 배운 뒤 독립한다. 실제로 대기업이나 중소기업이나 결국 걸어가야 할 나의 길은 독립 사업가의 길이라면 오히려 중소기업을 선택하는 쪽이 더 현명할 수도 있다. 임원이 되려면 20년 정도의 시간이 걸리고, 안 될 확률도 매우 크다. 그래서 신입사원 때부터 전략을 잘 짜야 한다. 톰 피터스의 『경영창조』를 보면, 대기업에서 일하는 것보다는 자기 사업을 하는 편이 더 안전하다는 말이 나온다. 사업가이자 베스트셀러 작가인 오마에 겐이치는 '기업의 평균수명은 30년'이라고 강조하면서 대기업에 입사한 그 당시 가장 잘나가던 친구들 대부분이 지금 가장 불안한 위치가 되었다고 회고한다. 앞으로는 이런 현상이 더욱 더 심화될 것이다. 이제는 사실상 모두가 사업가의 길을 걸어가야 하며, 프리에이전트의 길을 걸어가야만 한다. 그런 면에서 중소기업에 들어가는 게 오히려 반갑고 감사한 일이 될 수 있다. 중소기업에 다니는 것을 무시하거나 부끄러워 할 필요가 없다. 중소기업에서 일하는 90%의 노동자들이 있기 때문에 대한민국이 존재하고, 90%의 납세자들이 있기 때문에 한국이 건전하게 돌아가고 있는 것이다.

정공법은 직장생활을 하거나 사업을 하거나 모두에게 반드시 필요한 전략이다. 성공의 지름길은 존재하지 않는다. 자신이 파는 컨텐츠를 세계 최고의 품질로 만들어낼 때 승리할 수 있는 것이지 요행으로 승리할 수는 없다. 최근 모든 제품의 성능이 비슷해 변별력이 없어 상대적으로 마케팅과 디자인이 중요해졌지만, 그럼에도 지속가능한 승리를 위해서는 기본적인 품질이 가장 중요하다. 기본적인 품질과 기술에서 앞서나가지 못하면 마케팅과 디자인은 단순한 껍데기에 불과하게 된다. 직장생활도 마찬가지이다. 상사에게 잘 보이는 것이 처음에는 도움이 될 수 있겠지만 장기적으로 볼 때 승리는 근본적인 실력과 실적이 좋은 사람에게 돌아갈 것이다. 실력과 실적이 뒷받침되는 사람은 어떤 조직에서도 환영받으며, 독자적으로 사업을 해도 성공을 하게 된다. 마찬가지로 사업을 하는 사람도 기본에 충실하면 최고로 거듭날 수 있다. 모 회사의 TV광고처럼 기본이 혁신이다. 인간에 대한 기본적인 예의를 아는 사람, 일을 대하는 기본적인 자세가 된 사람, 규칙적인 생활을 하는 사람, 절제하는 생활을 하는 사람, 법을 준수하는 사람, 인간이 가야 할 길을 가는 사람은 성공한다. 자신의 일과 관련된 기본지식을 탄탄히 쌓아가는 사람, 큰 꿈을 꾸되 오늘의 실천에 모든 것을 거는 사람, 콘텐츠의 품질에 승부를 거는 사람은 승리할 수 있다. 승리는 멀리 있지 않다. 바로 기본에 있는 것이다.

자신이 하는 일과 사업이 힘들고 어렵다면 다시 기본으로 돌아가야 한다. 야구선수도 타율이 저조할 때는 타격 폼의 기본부터 연습한다. 공부도 기본서가 처음이자 마지막이다. 사업도 기본에서 모든 것이 결정된다. 기본이 탄탄하면 쉽게 흔들리지 않는다. 변화하는 시류에 따라가는 것도 중요하지만 유행이나 시류에 흔들리는지 않고 기본을 잡고 자기만의 변화와 흐름에 맞추어 전진해야 한다. 지금 어려움을 겪고 있다면, 많은 고민 속에 있다면, 해답이 보이지 않는다면, 기본으로 돌아가야 한다. 초심으로 돌아가야 한다. 인생과 사업의 명쾌한 해답을 원한다면 종이와 펜을 꺼내들고 무엇이 인생과 사업의 기본인지, 어떻게 살아야 하는지, 어떻게 승부를 해야 하는지에 대해 적어볼 필요가 있다. 모든 답은 자기 자신 안에 있다. 이미 자신은 답을 알고 있다. 눈을 감고 자신이 원하는 꿈, 자신이 알고 있는 정답을 떠올려보고 다시 한 번 힘차게 도전해야 할 때이다.

전한길의 성공수업

초판 1쇄 발행일•2018년 6월 20일
초판 6쇄 발행일•2022년 5월 31일

지은이•전한길·이상민
펴낸이•임성규
펴낸곳•문이당

등록•1988. 11. 5. 제 1-832호
주소•서울시 성북구 동소문로 65-2 삼송빌딩 5층
전화•928-8741~3(영) 927-4990~2(편)
팩스•925-5406

ⓒ 전한길·이상민, 2018

전자우편 munidang88@naver.com

ISBN 978-89-7456-512-1 03300